本书系"社科赋能山区（海岛）县高质量发展行动"研究成果

浙江山区26县**教育共富**的实践探索与路径优化研究

毛卓圣　著

浙江大学出版社
ZHEJIANG UNIVERSITY PRESS
·杭州·

图书在版编目（CIP）数据

浙江山区 26 县教育共富的实践探索与路径优化研究 /
毛卓圣著. —杭州：浙江大学出版社，2024.3
ISBN 978-7-308-24649-1

Ⅰ．①浙… Ⅱ．①毛… Ⅲ．①教育－作用－山区－县
－共同富裕－研究－浙江 Ⅳ．①F127.554

中国国家版本馆 CIP 数据核字（2024）第 037236 号

浙江山区 26 县教育共富的实践探索与路径优化研究

毛卓圣　著

责任编辑	胡　畔	
责任校对	赵　静	
封面设计	周　灵	
出版发行	浙江大学出版社	
	（杭州市天目山路 148 号　邮政编码 310007）	
	（网址：http://www.zjupress.com）	
排　　版	杭州好友排版工作室	
印　　刷	杭州高腾印务有限公司	
开　　本	880mm×1230mm　1/32	
印　　张	6.25	
字　　数	200 千	
版 印 次	2024 年 3 月第 1 版　2024 年 3 月第 1 次印刷	
书　　号	ISBN 978-7-308-24649-1	
定　　价	88.00 元	

序

　　"教育"是影响人的身心发展的社会实践活动,"共同富裕"反映社会对财富的拥有,是社会生产力发展水平的集中体现,教育共富既是共同富裕的重要组成部分,又是共同富裕的重要动力。

　　农村教育是我国教育的薄弱点,改革开放以来国家投入大量的精力发展农村教育,并取得了丰硕的成果。

　　作为一名山区教师的孩子,一个农村考出来的学生,笔者正好亲身感受和见证了改革开放初期这段山区教育发展的过程。

　　20世纪80年代,山区教育资源严重不足,笔者就读的小学是一所乡中心学校,设有小学和初中,教学条件比当地的村小和完小要好,但因为校舍不够,一、二年级教室是租用的学校旁边村民闲置的平房。平房土墙开裂随处可见,房顶上布满了蜘蛛网,窗户很小,也没有灯,一旦关上大门,白天只能在昏暗的环境里上课。就是在这样一个条件恶劣的教室里面,同时挤了一、二年级两个班40多个学生和一位任课老师,课程也只有语文和数学两门,中间的过道是两个年级的分界线,他先给一年级的学生上完数学课布置好作业,然后再转身给旁边的二年级的学生上语文课。上三年级以后,笔者所在的班级搬回学校上课,条件改善了不少,青砖大瓦房宽敞、明亮,课程也增加了音乐课和体育课,但是因为缺少教学器材,音乐课只是听老师拉二胡,体育课只是在操场上做游戏。到了初中,笔者开始学习英语,但是等笔者考进城里读高中的时候才发现初中英语连最基础的音标也没有学过,学的很多读音也是错的。

笔者读书时,农村学校经费紧张,除了正常教学以外,学校还经常组织师生开展劳动自筹经费,学生上学时自带锄头、砍柴刀等工具,老师和学生们一起搬砖、挑土、采茶籽,给学校的橘山锄草、种树等等。在艰难的学习环境中,许多农村学生因为家庭贫困和读书无用论的影响,辍学外出挣钱,为此老师们还要承担做家访的任务。笔者的父亲就经常周末和同事一起翻山越岭去说服辍学学生的家长送孩子来学校继续上学。

20 世纪 90 年代后期,笔者的家乡已经随着教育政策变化实行撤点并校,先是村小和完小撤销,后来一部分乡中心学校也被撤销。2000 年后,笔者曾就读过的乡中心学校也被撤了。亲戚家的孩子只有七八岁就开始住校,每周要走六七里的山路到乡里,再坐半个多小时的车子去镇小学上学。虽然不太方便,但学校的设施比我小时候好了很多,学科齐全,还有图书馆和音乐教室。几年前笔者回去的时候发现小时候就读的小学变成了家庭农场,笔者父亲原来任教的那所初中也被撤点并校了,校园成了镇上的幼儿园,幼儿园的各项设施很先进,镇上的小学建了新校舍,配置了多媒体教室,有了计算机房。教师的工资待遇有了极大的提高,教师们的成就感和幸福感有了不同程度的提高。

当笔者循着父亲的道路成为一名从事思想政治教学的老师时,这段令人难以忘怀的求学过程让笔者对山区教育发展问题尤为关注,也萌生了对山区教育共富开展系统研究的想法。为此笔者时刻关注着全国尤其是浙江省教育政策的变化、国内教育共富的相关研究进展。"十三五"以来浙江省坚定不移地沿着习近平总书记指引的路子,坚持把教育摆在优先发展的战略地位,久久为功、驰而不息,教育普及化水平继续全国领先,基础教育总体发展水平持续走在全国前列。面对全省各地市、各区县教育投入参差不齐的问题,浙江省政府高度重视,在高质量发展建设共同富裕示范区的同时,提出了"缩小城乡区域发展差距,实现公共服务优质共享,探索建立覆盖全省中小学的新时代城乡教育共同体",着力帮扶教育资源相对贫乏的学校,学校间达成山海协作,组建强校扶弱校的"教育共同体"。2022年,浙江省在经济发展相对落后的山区26县建设了一批"小而优"的精品乡村学校,加快推进山区中小学校数字化,共享城市优质的教育资源。2022年9月27日,浙江省教育厅又印发了《浙江省山区26县和海岛县"县中崛起"行动计划》,明确提出要抬升教育现代化"底部",缩小高中教育差距,不断提升共同富裕背景下教育公共服务的质量和水平,努力推进26县跨越式高质量发展,打造建设共同富裕示范区的标志性工程。正是在这样的初心和浙江省教育政策背景下,笔者潜心研究浙江山区26县教育共富问题,对教育共富的实践探索与路径优化开展系统的剖析和总结,最终形成了本书。

目　录

导言　山区教育共富的时代要义

（一）共同富裕和教育共富

"共同富裕"是全体人民在物质生活和精神生活等方面的全面富裕。中国地域辽阔,人口众多,共同富裕的实现不是一蹴而就的。共同富裕不是同时富裕,而是需要先富带动后富,让一部分人一部分地区先富起来,从而带动全国人民走向共同富裕。共同富裕是社会主义的本质要求,是我国社会主义的根本原则,也是中国式现代化的重要特征。

治国之道,富民为始;富民之道,教民为要。在扎实推动共同富裕的过程中,教育是重要基石。实现"共同富裕"离不开人的作用的发挥,而人的发展离不开教育。因此,"教育共富"是新时代推动共同富裕的助推器,是高质量推动共同富裕的重要基础。

"教育"是影响人身心发展的重要因素,"共同富裕"反映了社会对财富的拥有方式和程度,是社会生产力发展水平的集中体现。教育共富既是共同富裕的重要组成部分,又是共同富裕的重要动力。

随着时代的进步和发展,人民对美好生活的需要也越来越多,不仅对物质文化生活提出了更高的要求,而且在法治、民生、公平、环境、安全、正义等方面的要求也日益增长。教育共富不仅能够促进个人的发展,还能促进社会的发展。对于个体而言,一方面,教育共富可以让社会全体成员获得知识,提高应对、解决问题的能力,使人具备生存所必需的技能;另一方面,教育共富可以给人们带来文化的熏陶,让所有成员能够培养个性和情操,丰富人们的精神世界以满足人们的精神需要。对社会而言,教育共富能够促进社会共富的实现。因此,实现教育共富是新时代刻不容缓的一大需求。

当下,"教育共富"的概念还没有一个权威的定义,本书认为,教育共富是以优质、均衡的教育为跳板,推动共同富裕深层次、全方位地发展,通过保障教育公平和提高教育质量,完善教育公共服务体系,建立高水平的教育服务体系。

(二)省域教育共富和山区教育共富

浙江省正在建设共同富裕示范区,肩负着探索共同富裕之路的光荣使命。浙江省创新地改进教育服务模式,着力实现全面建立终身教育体系和人的全生命周期教育公共服务优质共享。在共富道路上,政府高度重视人民精神生活的富裕,着力帮扶教育资源相对贫乏的学校,学校间达成"山海协作",组建强校扶弱校的"教育共同体"(简称教共体)。加强教育资源优质、均衡地发展,加强相关人才队伍的培养建设。

浙江省山区 26 县是浙江省经济发展相对落后的地区。在省政府的大力支持下,2022 年,浙江省建设了一批"小而优"的精品乡村

学校,加快推进山区中小学校数字化,共享城市优质的教育资源。为
推进"教育共富"进一步发展,振兴山区教育事业,浙江省加强了山区
教师队伍的建设,实施山区优秀教师"引留"工程,推进城乡教共体扩
面提质,支援山区 26 县和 6 个海岛县,先后组建跨地区教共体结对
学校 500 所。持续对山区 26 县输出优质教育资源,将教育不断辐射
到当地居民,扩大教育共富的受众群体,努力办好"令人民满意"的
教育。

2022 年 9 月 27 日,浙江省教育厅印发的《浙江省山区 26 县和
海岛县"县中崛起"行动计划》提出,要深化招生管理改革,严格规范
教师管理,提升县中教师能力素质,实施县中对口帮扶工程,优化学
生培养环境,创建现代化高中学校,开展分类办学特色发展,提高县
中经费投入水平,加强县中教科研指导。围绕建设高质量教育体系,
着力加强教育薄弱环节,抬升教育现代化"底部",缩小高中教育差
距,不断提升共同富裕背景下教育公共服务的质量和水平。

(三)山区教育共富和山区共富

山区共富包括多个层面,既有物质层面的共富,亦有精神层面的
共富。山区共富,首先要保证山区拥有更多的物质财富,通过产业振
兴和乡村振兴,围绕山区主导产业进行产业融合发展,构建完善全图
谱的产业体系,立足当地资源禀赋,促进绿色资源与绿色资产之间的
转化互促,为山区居民增加收入来源,促进山区绿色经济发展,为山
区人民致富提供坚实的物质保障。山区县普遍蕴含着悠久的历史文

化和美好的乡风、民风。通过加强山区精神文明建设,培育文明乡风、淳朴民风,不断让乡村文化得到创造性转化和创新性发展,实现山区县域的精神富裕。

然而,山区受区位条件约束程度高,产业发展效能较低,发展经济存在诸多不利条件,实现山区共富任重道远。探索一条符合山区地域特色与资源禀赋的路径,对推动山区共同富裕的深入发展具有重要意义。为促进山区经济和文化可持续发展,开展教育扶贫,保障义务教育的普及不可或缺。山区教育共富,作为教育共富上的重要一环,其在山区共富的推进过程中,扮演着极为重要的角色。

山区教育共富是指在山区通过增加教育资金投入,引进优质师资力量,并借助信息化引入优质教育资源等方式,提升山区的教育质量,实现教育资源的合理分配,提高山区居民素质。山区教育共富对于山区共富的意义主要表现在以下几个方面:第一,推动山区人力资源培养,通过引进优质的师资力量,提升山区居民素质,振兴山区教育,为山区经济建设和社会发展提供保障;第二,打破贫困代际传递,提升当地居民的文化素质,提高居民就业能力,打破贫困的枷锁;第三,促进社会公平,通过与发达地区的教育合作,重塑山区学校的形象,促进教育公平的实现,提升山区教育的质量和发展水平。通过山区教育共富,推进山区社会服务的系统化、社会的和谐化,为实现山区共富奠定坚实的基础。

针对浙江省山区 26 县在教育方面存在教育基础薄弱、硬件设施条件差、优秀师资缺乏等现实困境,政府对山区教育给予人才、技术和资金等方面的扶持,加大山区教育资金投入,完善山区教育基础设施,贯彻落实教育精准扶贫的方略,积极构建各类教育服务保障体系,努力建成惠及广大山区居民的高水平教育服务体系,优先将优质教育资源向弱势群体倾斜,改善广大山区留守儿童的教育现状,加快推进山区 26 县教育共富。

在深入推进山区教育共富过程中,全面落实立德树人根本任务,全面推进教育领域深化改革,齐心共建阳光活力新教育,扎实推进优质教育均衡促共富。加快建设山区高质量教育体系,全面打造山区教育高品质生活场景,打造山区县教育共富样板,为山区共同富裕赋能助力。

此外,政府通过推动教育信息持续深入,进一步输入优质教育服务,大力发展"互联网+同步课堂"教育,构建智慧课堂场景,建立共享型教育共同体,引进发达地区的优质教育资源,有力地推动了山区 26 县教育共富。

充分发挥山区教育共富对于山区共富的推动作用,为山区教育共富注入新的活力,打造山区教育共富新图景,有利于将山区的资源优势转化为经济优势,拓宽由"绿水青山"向"金山银山"转化的通道,为山区共富这一宏伟蓝图的实现添砖加瓦。

一、"劫贫济富":山区教育衰颓的时代隐忧

(一)山区教育之"贫者"愈"贫"

1. 优秀师资"被劫"

在山区教育中,优秀的师资是乡村教育振兴的重要保障和关键点。在改革开放的过程中,国家的经济、社会、文化等各个方面都取得了前所未有的进步,山区地区的人民群众在物质、精神方面的生活也得到了极大的改善。然而,由于新中国成立后实行的城乡二元制户籍制度等原因,我国形成了明显的城乡二元结构。① 总的来说,山区经济情况和基础教育整体水平依旧比不上城市。随着城市化进程的持续推进以及城市化率的持续提升,大批的农民进城务工,人口、资金等资源向城市流动和集中,导致了山区空心化。山区空心化是一个由山区人口流动引起的山区整体经济社会功能综合退化的过程。② 这种现实的差异也不可避免地导致了山区的教师和学生大量地流向了城市,很多山区地区学生数量急剧下降,造成了山区地区教

---

① 王硕果.我国农村教育空心化问题研究[D].开封:河南大学,2018.
② 王硕果.我国农村教育空心化问题研究[D].开封:河南大学,2018.

育的"空心化"。

其中，教师是主要的教育资源之一，教师的空心化是山区教育空心化的主要表现形式之一。我们留心观察可以发现，在城镇化进程不断推进的过程中，山区学校教师数量相对不足。其中，一些山区学校还出现了"大班额"现象，教师资源极度缺乏，教育质量下降。这就导致缺乏优秀师资成为山区教育亟须解决的难题。一方面，山区农村学校地理位置偏僻，交通不便，经济落后，教师职业吸引力差，相较而言城市学校对山区教师吸引力更强，很多优秀教师流向城市学校任教，很多山区学校优秀教师被"劫"走，优秀师资成为"稀缺资源"，出现了师资力量断层，特别是在乡村小学任教的优秀教师更是寥寥无几。另一方面，一些山区学校存在教师年龄老化、结构失衡、配置不合理等问题，这也影响了教师队伍的整体素质。另外，由于教学环境恶劣、经济发展落后、社会保障体系不完善等原因，山区农村学校留不住一些高水平的教师，部分优秀的乡村教师频繁流动，给山区教育带来了不利影响。

出现山区师资匮乏现象的原因，在充分深入挖掘调研以及分析总结的基础上，可以总结为以下几个方面。

（1）相关教育部门的政策支持缺乏实效性

为了实现共同富裕，近年来国家加大了对山区建设的扶持力度，在教育上出台了一系列政策来吸引人才到山区学校任教，但是并没有达到预期效果。究其主要原因，是相关教育部门的政策支持缺乏实效性。在政策内容上，相关教育部门忽视不同山区的特点，政策上存在一刀切、针对性不强和执行难等问题；在政策实施上，政策监管机制不健全，很多教育政策没有落到实处；在政策反馈上，政策实施后的追踪评估与反馈更是难以做到一致性，出现政策规定与执行实效的"两张皮"效应，最终，教师实际需求迫切的如福利待遇、职称评聘、社会保障等方面的要求，并没有在政策上得到有效的解决，教师的工作积极性被挫伤。如此，教师的实际需求长期得不到回应，进一步导致山区教师的流失。

（2）师资薄弱，山区教师的工作压力大

一方面，山区教师工作量大。山区教师人数少，尤其是音、美、体等副科教师缺编严重，很多教师在承担多个班级甚至多个年级主科繁重的教学任务后，还要兼任一至两门副科的课程，长期超负荷运转。同时，家长对教师的过高期待进一步加剧了教师的负担，相当一部分山区学校的家长几乎将孩子完全交给了老师，这些都无形之中加大了山区教师的工作量。另一方面，相较于城市，山区留守儿童问题突出，山区留守儿童的心理健康教育是山区教育的重要一环。课题组对留守儿童数量和学生结构调查显示，山区留守儿童占山区儿童总数的 40％以上，其中单亲家庭和父母双亡家庭占 80％以上。由于缺少父母关爱，留守儿童存在学习困难、性格孤僻、厌学、自卑等问题，给教育工作带来了很大难度。山区学校留守儿童数量增多，管理起来相较于以往更是难上加难，但专业教师管理人员没有相应增加，有的教师甚至一个人带多个班，加上"家校合作"开展艰难，导致无法关照到山区留守儿童的心理问题和教育问题等，教师开展教学工作更是举步维艰，教学质量难以提升。

（3）工作待遇较差，社会地位低

虽然近年来国家对山区的财政拨款不断增加，但是在政策待遇方面，山区教师在工资待遇、生活配套、教学设施等方面，相比城市教师仍然缺少优势。山区教师的工资包括基础工资、绩效工资、特殊津贴和山区补贴等,其中绩效工资和特殊津贴与当地的经济收入、学校运行密切相关。山区的经济收入低、学校运行困难,教师的绩效工资和特殊津贴方面与城市教师差距巨大,山区补贴虽然有,但金额较小,也只是在一定程度上改善教师待遇,所发挥的作用微小。在生活配套上,山区与城市在住房保障、公共卫生服务、医疗保险等多项服务,生活和娱乐等多项设施上相去甚远,山区教师难以享受与城市教师相同的社会福利。不难看出,山区教师的付出与收获往往不成正比,长此以往会打击教师的工作积极性。山区学校校舍破旧,教学设施不完善,教师很难保证教学质量。

因为工资收入低、福利待遇差和发展前景不乐观,山区人民教育意识薄弱以及在教育上城乡差距越来越大,山区教师地位日益下降。由此,对于山区教师应有的认可和尊重不够,在挫伤教师积极性的同时会直接导致师资的流失。

(4)教师职业发展受限

如前文所述,山区学校教育基础设施落后,一定程度上限制了教师教学,影响了教师专业能力的提升。山区学校校舍等硬件设施的匮乏成为改善教育基础设施亟待解决的问题。但是山区教育资金有限,很难同时改善教学基础设施和教师待遇,在软硬件条件不能改善的情况下,很多山区学校自然也出现了一些师资流失的情况。山区学校窘迫的教育资源限制了教师的职业发展。由于师资不足和教学资源有限,教师承担繁重的教学任务,没有时间提升自己的教学技能,没有精力进行教科研创新。学校更没有能力给教师提供良好的学习平台,帮助教师进行对内、对外交流,提升专业技能,不少山区学校的师资水平难以得到提高。由此,造成了恶性循环,教学质量很难得到保障和提升。

教学成就和科研成果是教师职称评定的两大重要指标。教师的教学质量不能提升,教学研究难以开展,就难以取得教学成就和科研成果。因此,哪怕有政策的倾斜,仍然无法进行职称评定,最终导致教师的职业发展受限,教师有可能选择去更有利于职业发展的城市。

近年来,在城乡教育差距扩大的背景下,教育"空心化"中的师资匮乏给我国山区教育的发展造成了直接而深刻的消极影响。从最直观可见的影响来说,既造成了大量的教育资源的浪费,又加重了教师教育负担,进而导致山区教育发展滞后,对城市的教育供应构成了更大的压力。另外,从山区教育的长远发展来看,教师作为隐性资产,其流失,是教育资源的流失,更深层次影响了山区教育质量和可持续发展。

2. 优质生源"被劫"

城镇化趋势下,山区学校生源发生重大变化,尤其在高中阶段,优质生源往市区高中、民办高中单向流动的现象更加突出,导致县中生源素质每况愈下。优质生源大量流失成为困扰山区教育发展的难题。本课题组于 2022 年 12 月实地调研了东、中、西部分省份,调研结果也进一步证实了这一现象。

我们发现,优质生源流失是广大山区发展过程中普遍遭遇的问题。流失并不是从高中才开始,而是从小学、初中到高中,一直处于流失状态。典型的如 X 县,该县中考成绩前 50 名初中毕业生,入读该县高中的数量出现锐减,2017 年有 20 人,到 2020 年只有 2 人;中考成绩前 100 名的初中毕业生,入读该县高中的人数 2017 年为 53 人,2020 年减少到 16 人。深入了解和分析这一现象背后的原因,具体原因可以归结为以下几个方面。

(1)混乱的招生秩序破坏生源生态

每年中考结束后,各大重点高中就开始上演"抢人大战",省、市高中摩拳擦掌,纷纷投身于争夺优质生源的大战。名校高中用自身的高升学率、优质师资等优势来吸引一大波来自各县区的优秀初中毕业生。有的市级中学派专人"深潜"县城,到田间地头做优等生家长的工作;此外,还有部分学校以免学费、奖学金、重点班、补贴生活费等噱头吸引优质初中毕业生。甚至还有个别高中学校擅自对 Q 市中考成绩优秀的学生发放录取通知书并进行注册,导致这些学生无法报读本地学校。学校招生缺乏监管,严重扰乱了山区等落后地区的生源生态。

(2)办学条件难以满足优质生源的需求

由于教育资源配置向重点学校和城区学校倾斜,山区学校的办学条件与重点学校和城区学校存在明显差距。虽然硬件差距在江浙等经济发达地区正在不断缩小。但在软件方面,山区学校优质教学资源欠缺,山区学校先进的实验设备、图书等教学资源稀少;优质的教师资源缺乏,如山区学校缺少专业的外语教师,更不用说城里的学校可以引进外教进行英语教学;山区学校教学管理保守、落后,通常是行政化管理和统一安排,抹杀了教师的积极性和学生的创造力。在与山区中学的学生谈话时我们发现,成绩越好的学生,对学校发展前景越缺乏信心,乡镇中学的办学条件难以满足优质生源的需求。

（3）家长、学生对优质教育资源的渴望

随着信息渠道的拓展，山区家长能通过各种途径寻求优质的教育资源，如咨询学校、教育机构等，很多家庭不再局限于乡镇的学校，在相同分数的情况下，更多家长愿意把孩子送到规模相对较大的周边城市上学。在社会阶层上升越发狭窄的事实面前，他们把教育看成是子女实现阶层跃迁的通道，是实现家庭向上流动的主要甚至是唯一的机会和手段。在这一观念之下滋生出家长严重的趋利心理和焦虑氛围。他们举全家之力提供给孩子最好的教育资源，把孩子看作肩负家庭兴旺使命的工具，强加以巨大的期望和压力。在没有真正了解孩子的特长和兴趣的情况下，根据自己的意愿，想方设法让孩子进入他们认为的好的学校，跟最好的老师，考最好的大学，认为孩子如果在山区读书是最没有出息的表现。还有一些家长和学生则认为，在城市读书能够接受更好教育的同时，更能开阔眼界。

同时，市场化的办学也为学生的择校提供了更多的选择。越来越多民办高中出现，过去那些分数达不到省级、市级重点、高中分数线的学生只能选择县级高中，但民办高中的兴起和较好的教育质量让很多家长有了更好的选择把孩子送到民办高中。小学毕业学生分流走一批，初中毕业学生又分流走一批，山区优质生源总量逐年减少。

（4）行政部门缺乏有力的措施对策

面对优质生源大量流失的现象，行政部门缺乏有力的措施对策。在走访过程中我们了解到，K县中学曾出台过规定本校教师子女不得到县外上学，对违反的教师将会进行相应的处罚，降低教师职称等级或不得在本校继续教书。对于该校为保护优质生源采取的这一措施,合理与否我们姑且不做评价。就政策的结果来看,在一些教师看来,为了子女能受到更好的教育,短时间内"下放"是值得的。连本地教师都不愿意把孩子留在当地中学,更不要提其他有能力给孩子提供更好的教育资源的家长。很多好学生到了市里、省里的重点学校读书,优质生源流失,老师教不出成绩,就难以找到工作的价值;少数的几个好老师想教而不得,于是有些教师认为,反正学校没有淘汰竞争机制,我只要上好应该上的课,把事情做完就好了。受此风气影响,本就缺乏优质生源的山区学校的发展更是雪上加霜。

当然,此问题已被国家所关注。2022 年底教育部等九部门印发《"十四五"县域普通高中发展提升行动计划》,相关部门已经采取了初步行动。2023 年,在教育部新闻发布会上,教育部回应了关于县域普通高中发展提升的问题。但是行动的范围还有待扩大,程度还应更为深入。

3. 优等高中"被劫"

由于自然环境和历史原因,贫困山区的学校普遍存在规模小、办学条件差等问题,教育质量与城市地区形成了明显的城乡差距。因此,许多贫困山区实施山区高中搬迁工程,撤销山区高中,将山区学生外迁到附近城区新建的或者改扩建的学校,或者干脆将山区的学校合并,实现贫困山区学生的一次性聚集。

高中不在九年义务教育的范畴之内,因此在义务教育阶段后,国家不再以公益方式保障学生受教育的权利,学生需要通过参加升学考试来获得进入普通高中继续受教育的机会。

以升学考试的成绩作为高中教育的敲门砖,师资力量与教学硬件设施成为影响生源质量的不可或缺之因素。在诸多要素影响下，本就不占优势的山区高中更是陷入"闭源开流"的困境之中，形成了一系列负面闭环。

（1）山区学生升入高中的比例小

受到经济水平落后、教育资源短缺、师资力量薄弱、教育观念与教学手段落后、家庭对子女教育忽视等诸多影响，山区中学的部分孩子对学习的系统认识和投入动力不足，对学习的热情与目标性较弱。① 相较于城市学生，山区的学生学习能力相对薄弱，部分学生在初中毕业后可能无法考上公办普通高中，这就意味着山区高中直接流失大部分当地生源。

同时山区地理位置相对偏僻，规模较小，地域与资源不具备优势，吸引其他地区生源的可能性也极小。故而山区高中的学生从数量与规模上就不占优势。

（2）山区教学基础薄弱

由于地理环境复杂、交通不便，山区与城市资源分配不均衡，山区经济发展水平较低，政府对于教育的投入更加受限，因此学校无力购买先进的教学硬件设施，在文化设施建设、数字化建设方面投入不足。

一方面是学校的基础硬件设施较为落后。完备的计算机房、实验室、教学楼的课桌椅、宿舍的床铺与橱柜、食堂等基础设施建设能够为学生提供良好的学习环境，也为教师办公教学与创造科研成果

---

① 高赟赟，唐文秀，阳敏.浅析中国偏远地区高中教育的问题、原因及干预策略[J].科教导刊(上旬刊)，2010(13).

提供良好的工作环境。但山区高中的基础教学设施相对落后、陈旧、不齐全，使得学生与家长对学校的期待与信心不高，对学校未来发展则产生了极大阻力。

另一方面是与创新相结合的数字化转型、教育新型基础设施建设不足。2021年教育部等六部门颁布了《关于推进教育新型基础设施建设构建高质量教育支撑体系的指导意见》，要求以教育新基建壮大新动能、创造新供给、服务新需求，促进线上线下教育融合发展，推动教育数字转型、智能升级、融合创新，支撑教育高质量发展。具体来看可以落实到校园网络、数据中心、数据应用系统、教育平台、网络学习空间的建设和升级，数字教育资源、线上课程、数字图书馆、数字博物馆和数字教育资源公共体系的开发和完善，多媒体教学装备、智能实验室和校园公共安全视频网络的建设和完善，以及学生学习实践评价体系、人工智能助推教师教学、教务行政办公数字化的拓展和深化。在信息时代，创新引领技术进步，数字化转型是全社会全行业在所难免的势态和未来方向。而多数边缘贫困山区现阶段的经济水平、教育水平远远达不到数字化发展的阶段，更不用说人工智能的开发利用了。缺乏数字化智慧教育，使得山区高中在吸引优质资源与教师人才方面处于弱势地位。

同时山区学校的娱乐文化体育等设施匮乏。对于学生而言，丰富且精彩的校园娱乐活动对身心皆有益。学校的图书馆、体育馆、文化广场、校园景观、纪念馆、校史馆是传承校园精神、彰显校园办学特色、弘扬校园文化的重要物质载体，体现科学精神和人文精神。而山区高中教学经费不足，能支撑建设校园图书馆的高中寥寥无几，备齐所有设施更是难上加难。山区学校的娱乐文化设施缺乏，对人才吸引、集聚能力、形象宣传都很难产生效能。

（3）山区师资力量较为薄弱

由于学校硬件设施落后，缺少现代化的教学方法，乡村中小学教师队伍大多自身教学能力不高，很难适应时代变化的要求做出创新教学与其他改变。又因经济落后、交通不便，中小学周边的生活硬件设施也不够完善，难以留住优秀的青年教师，更是难以进一步建设更为专业的中小学教师队伍。校园环境一般，教师工资水平普遍不高，未来发展前景不明朗，因此山区教师往往缺乏进取心，只完成教学工作而忽视德育教育，不能很好地履行"教书育人"的神圣使命。[①] 不能注入新鲜血液，缺乏青年教师师资力量，没有"源头活水"，仅依靠政府的扶持，学校的教育教学水平更难以进步。

正是因为这些山区高中自身不具备优质的条件，难以吸引优秀一线教师资源，许多山区高中最终被迫搬迁或是被迫拆除，合并为集中资源办学的学校。偏远山区的乡村学生自然也就被城镇学校吸引，其中品学兼优的学生被当地城市学校接收，导致边缘贫困山区教育空心化、城市教育集聚化。教育资源与人才资源更加向城镇流去，天平愈发向城镇一端倾斜。山区的贫困加剧人才流出，集聚在经济更发达地区，贫困山区进一步空心化，加剧贫困。这样也就形成了一步步恶化的教育闭环。

4. 优良家教"缺位"

山区的地理人文环境和经济基础的特殊性，深远地影响了山区

---

① 高赟赟，唐文秀，阳敏.浅析中国偏远地区高中教育的问题、原因及干预策略[J].科教导刊（上旬刊），2010(13).

人民的教育观念和受教育水平,在某种程度上,亦直接影响着山区中小学的教育质量。在多方因素的共同影响下,山区学生的家庭教育情况更是不容乐观,相较于城镇中小学生,山区学生的优良家教"缺位"问题日益凸显,也制约着山区教育的发展。

优良家教"缺位"这一现象在山区是长期存在的,并日趋严峻。主要原因有以下几点。

(1)家长受教育水平低,没有能力提供良好家教

家长是家庭教育的实施者,也是孩子模仿学习的对象。家长的受教育水平、言谈举止对学生性格、能力、气质类型等都有深刻影响。因此,家长要实施家庭教育,自身必须具备一定的教育能力,也就是说要有一定的受教育水平。近些年来农村家长受教育水平虽然有所上升,总体来说还是处于较低水平,城乡学生家长受教育水平差距巨大。我们对比 2019 年城乡居民户主文化程度(图 1-1),城市学生家长高中以上文化程度的占 53.4％,尤其是大学本科及以上文化程度的有 13.6％;而农村学生家长文化程度多为小学和初中,总计高达 83.3％,而大学本科及以上文化程度的只有 0.3％。而且,农村不少家庭实施家庭教育的主体往往是祖父母,他们的受教育程度更低。

家长的受教育程度影响对孩子的教育方式和态度。一般来说,文化程度较高的家长更容易理解孩子的需求和想法,更能给孩子提供有益的教育和指导,也更能为孩子提供诸如图书、学习工具等良好的学习环境和学习资源。山区家长较低的受教育水平对孩子的教育带来不利影响。

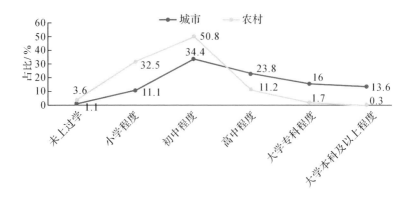

图 1-1　2019 年城乡居民户主文化程度对比

（数据来源：《2020 中国住户调查年鉴》《2020 中国农村统计年鉴》）

第一，家庭教育观念落后，家庭教育"学校化"。

优良家教"缺位"这一现象在山区是长期存在的，并日趋严峻。如今，山区外出务工人员增加迅速，许多山区农民由于自身的受教育程度低，对教育的认知比较浅，加之自媒体的发展和大学学历的贬值，认为只要孩子能够以识字和运算为目标完成初中教育就足够了，读书也不会对他们的生活产生改变，没有必要在教育上花太多钱，继续读书只会造成劳动力的浪费。秉持这样教育观念的山区学生家长不在少数，他们忽视了教育对于孩子的重要性，更是严重忽视了家庭教育的重要性。

不合理的家庭教育观念是另一个原因。山区学生家长普遍受教育水平偏低，加之长期处于信息闭塞地区，思想观念落后，缺乏正确的教育观念及教育方法，日常教育学生的方式存在着许多不合理之处。① 有的山区学生家长,直接把家庭教育的重担甩给了教师,他们认为教育学生完完全全就是教师应该履行的义务,家庭教育就是无稽之谈,进而出现对教师工作不主动配合的情况。观念落后的问题会导致很多孩子无法接受教育,被迫提早进入社会,成为廉价劳动力,从而完全斩断了"知识改变命运"这一脱贫致富之路。如果不真正从根本上努力解决当前山区义务教育落后的思想观念,不着力从源头上着手解决家长思想层面的问题,教育就不能真正惠及山区学生,那么目前山区义务教育的持续健康发展必然会受到阻碍。

第二,教育内容单一,只重视智育。

大部分山区家长把教育看成是找到好工作、拿到高工资的一个途径,忽视了教育的本质,在应试教育的影响下,他们只关注孩子的考试成绩,认为成绩好代表一切,所有的教育内容围绕智育这个唯一的中心。由于过于看重孩子学习成绩的好坏,忽略了孩子在身体素质、心理素质、智力开发和品德等方面的培养。一些家长为了让孩子取得更好的考试成绩,不让他们做学习以外的事情,只让他们"两耳不闻窗外事,一心只读圣贤书",每天只上课、做作业,缺乏课外活动,容易导致孩子高分低能,心理健康出现问题,对家庭社会冷漠、缺乏社会责任感,精神空虚,缺乏理想和人生追求。

第三,家庭教育方法不科学。

部分学生家长没有科学的教育方法,过于重视学生的智育成绩,忽视孩子的情感需求,不关心孩子的心理健康,对综合素质的发展不闻不问。他们教育方法简单粗暴,经常打骂、惩罚孩子,在物质上则

---

① 宋昌锐.浅析山区高中学生的家庭教育[J].成长,2021(05).

常常过分溺爱孩子,对孩子有求必应。还有一些家长不注意自己的言行,对自己在孩子面前的赌博、动粗、说脏话等行为都不以为意,更不会顾及自己的一些不良习惯对孩子产生不良影响,不能给学生起到模范作用。

(2)家长家庭教育责任缺位

山区学生家长受文化教育水平和见识的限制,在学生教育上花费的时间少之又少,甚至有对学生学习"不闻不问"者存在。

留在山区从事生产劳动的大多数家庭,他们的收入基本上来源于农业,例如种植农作物或在附近城镇兼职。以农民为主体的山区学生家长群体,更多地将自己的时间投入耕作劳动。山区学生家长的大多数时间都被劳动填充着,心有余而力不足,极大地阻碍了山区家庭优良家教的发展。偶尔有闲暇时间,他们也往往沉湎于喝酒、打麻将和刷手机,对孩子进行"放养",缺少对孩子进行家庭教育的责任意识。

山区经济发展较为滞后,缺少就业机会,出于经济因素的考量,还有很大一部分山区学生家长为了获取更高额的收入负担家庭生活开支而选择外出务工。受在外务工的生活条件限制,他们中的大多数仍选择将孩子留在山区,在就近的山区学校入学,由学生的爷爷奶奶代为看管。这一类学生也就是我们所称的留守儿童,使得优良家教的落实难上加难。留守儿童的隔代教育,成为一个家庭教育的难点。山区学生的爷爷奶奶一辈人,大多没怎么接受过系统的教育,因此,他们中的绝大部分难以胜任孩子的学习指导。甚至有的落后观念在他们看来却是"真理",比如"不打不成器""棍棒底下出孝子"等等,在这些落后教育观念的指导下而产生的一些行为,是与我们现在的教育观念背道而驰的。因此将优良家教寄托在山区学生的爷爷奶奶辈更是希望渺茫。还有一类非常典型的现象就是"隔代亲"。在隔代亲的作用下，爷爷奶奶更多的是宠爱孩子，尽力满足他们的需求，缺乏节制和约束，甚至发展到纵容的地步，起到的家庭教育作用实在是微乎其微。

（3）家庭外部环境不佳

在教育不断向前发展、社会文明程度日渐提升的今天，仍有一群人，以根深蒂固的旧观念，来阻挡教育的前行。优良家教"缺位"在山区家庭当中并不是个别现象，而是普遍存在的"隐患"。而这一"隐患"产生的背后，也必然包含着一些特殊的社会因素。

第一，是缺乏社会支持。山区家长在家庭教育上出现的种种问题表明，山区家长开展家庭教育所需要的知识和能力没有跟上家庭教育的需求，山区家长不仅需要自学，用科学的教育理念武装头脑，还需要社会的支持，政府要改进家庭教育工作机制，为山区家长提供家庭教育指导服务。但从目前来看，这项工作在城市刚刚开展，在山区基本没有。

第二，山区落后的社会观念对山区家庭教育的发展雪上加霜。在少数偏远地区，重男轻女的不良现象仍普遍存在，甚至有些家长以惯用的说辞"女孩子要读什么书"来剥夺山区女孩受教育的权利，更是在家庭教育的过程中刻意打击女孩。个别家庭并未萌发"良好家教"的意识，反倒是崇尚"天赋论"，即他们认为并不需额外花费精力来栽培子女，更不需要家庭教育，学生能不能成长成才，完全依靠其自身的天赋，体现出山区学生家长教育观念的滞后性，使得良好家风的"到位"举步维艰。

5. 优良氛围"缺位"

优良的教育氛围是教学质量建设的关键,山区的教育氛围受到山区经济、地理、人文、人口结构、产业结构等的限制,优良的教育氛围缺位,山区学生的心理健康得不到优良教育氛围的滋养,学生的学习动力没有优良教育氛围的推动,师生的思想道德没有优良教育氛围的约束。教育氛围对学生的影响悠久绵长,对山区精神文明的建设意义深远。

(1)家庭缺少良好的教育氛围

前文已经阐述了优良家教缺位导致家庭缺少良好的教育氛围,此外山区教育还存在一个重要的难点——留守儿童问题。随着我国外出进城务工年轻农民日益增多,留守儿童和老人数量呈现逐年上升趋势,乡村空心化日益严重。父爱或母爱在留守儿童成长过程中的缺失,隔代差教育模式和儿童与成年父母的长期分离,对留守学生的身心健康发展、性格养成、学习成绩和生活习惯造成严重的负面影响。

其中最大的影响在心理健康方面。目前中国心理治疗的人才依然存在较大的缺口,尤其在大部分农村地区,基础的心理医生或心理教师匮乏,大部分留守儿童的心理问题无法得到家庭的重视,儿童的心理问题缺乏有效的渠道去及时发现、沟通和疏导,导致山区儿童心理问题高发。很多学校的心理健康室没有充分发挥解决学生心理问题的作用,心理普查的方式虽然高效,但效果较差。对于基础设施落后的山区,心理普查的难度更大,人才更加短缺,专业的心理辅导师稀缺。

在没有父母陪伴的情况下，儿童的心理会在孤僻、自卑中越陷越深。与父母的分离，使儿童与外界的交流效率低下。物质生活的改善可以通过一系列的资助和父母的工资得到快速的改善，但儿童精神文化生活的贫乏却需要家人长期的呵护与优质教育长期的浇灌。父爱或母爱的长期缺失，会使来自家庭的监督和引导减少，学习上、身心上的问题无法得到及时的关注，缺乏学习的动力。缺乏家人的监督和约束还会影响到学生的出勤情况，可能频繁地缺勤甚至辍学，加大了沉迷网络世界和养成不良癖好的可能性。留守儿童长期与亲人分离可能导致心理健康问题，他们可能感到孤独、无助、焦虑和抑郁，他们的社交圈也会因此受到限制，可能缺乏机会与同龄人交流和互动，面临着孤立和社交问题。在父母的缺席下，孩子缺乏职业规划和指导。他们可能无法获得关于职业选择和发展的实质性支持，导致将来面临的就业挑战加剧。山区学生的心理健康问题需要学生、家长、学校、政府的共同努力。

（2）学校学习氛围不够浓厚

一方面山区教育的师资队伍人才短缺的现状影响了学校的学习氛围。大部分的优质教师选择向高水平、高薪资的学校靠拢，流向山区的教师依赖政策的强制性，有的大学生迫于就业压力选择进入山区教育队伍，存在随时准备离开和熬资历的心理，实践经验不足。山区教师缺乏动力，工作不积极主动。山区教师的教学水平和态度对课堂教学质量带来不利影响，一些课堂纪律散漫，教学沉闷，学生感到无聊和厌倦，失去了学习的动力，最终对学习缺乏兴趣。同时，师资力量不足的情况下，学校只能力保主科，很多副科因为没有专业教师而停开，或者由其他科目的教师兼任，教学全部围绕主科，学生的兴趣爱好得不到培养,慢慢地学习兴趣越来越低。

另一方面,从受教育者学生来看,因为优质生源流失,仍在山区学校上学的学生,很多是家里对学习不重视,认为读书没有用的。在这样的家庭教育观念下,学生也缺乏学习的动力和目标,对学习心思涣散,求知欲望很低,上学以混日子为主,最终影响了整个学校的学习风气。

（3）当地社会教育氛围不佳

"读书无用论",严重影响了山区很多家长和孩子的思想。而且近年来,不少山区大学生由于一直以来的应试教育,被称为"小镇做题家",其他能力不足,毕业后出现求职难的问题,让很多家长和学生看不到读书的价值所在,学生的学习动力不足,不少山区教育氛围缺失。山区相对落后的教育观念导致学风不健康。一些山区的教育观念相对保守,过度重视应试教育,追求分数而忽视学生的全面发展和素质教育。长期如此将进一步恶化山区儿童的心理问题,固化儿童的思想,限制儿童的创造力。一些山区重男轻女的落后观念,导致山区男孩娇生惯养、心性不成熟,女孩受到不公平对待,学业得不到重视,甚至父母剥夺女孩的受教育权。重男轻女的落后观念会进一步加大学生间的差距。一些山区读书无用的落后观念,导致许多山区学生在本该上学的年纪在父母的压力下被迫放弃学业,提早担当养家糊口的重担,务农务工,极大地限制了孩子的未来发展,剥夺了孩子童年的快乐,为孩子的身心健康带来了长期危害。

互联网也给山区学生学习积极性的培养带来了一系列的问题。社会信息的接收和理解是每一位学生了解社会、增长见识和树立三观的重要渠道,山区相对落后的基础设施导致了山区的交通和信息相对闭塞,移动通信和互联网的高速发展虽然在一定程度上解决了山区信息闭塞的问题,但互联网是一把双刃剑。山区学生大部分缺乏有效的家长监管和引导,手机中的短视频与网络游戏占用他们课余大量时间,互联网上良莠不齐的信息内容增加了学生误入歧途的风险,互联网上一些过分夸张和虚假的信息会误导分辨能力不强的孩子,一些不良的信息会对孩子身心造成不良影响。

互联网上纷繁复杂的世界和山区相对贫瘠的生活条件形成鲜明的对比,可能会导致孩子对山区环境产生不满情绪,加剧山区孩子的自卑心理。山区孩子对周围环境不满,会表现出叛逆、自卑、懈怠等心理,可能进一步加大家庭矛盾。

6. 优良管理"缺位"

长期以来,山区学校在教育管理制度建设方面,不管是管理理念、管理方法还是管理效果,与城镇以及经济发展较好的其他地区学校相比,总体上有着非常明显的差距,进而影响教学管理水平的提高。之所以产生这种情况,既有山区学校师资力量薄弱、办学条件差、在管理上资金投入不足等客观原因,也有山区学校信息闭塞,教育管理者、教师与外界接触相对较少,在教育管理上思想和方法落后,不能与时俱进等主观原因。所以,提高山区学校教育管理水平,必须跟上时代的潮流,不断完善山区学校教育管理的各项规章制度,用制度带动山区学校管理的发展。

(1)管理"缺位"的原因

①教育管理理念出现偏差。科学的教育管理观是一种以科学和理性为基础的教育理念,注重以人为本,依法治校,保护教师的合法

利益,支持教师发展进步,把学生的全面发展作为培养目标,注重学生自主学习能力和创新学习能力的培养。

很多山区学校教育管理中教学价值目标出现偏差,在升学的压力下忽视学生的全面发展,把学生的考试成绩作为教育管理的主要衡量标准,整个教学过程和教育评价体系围绕学生的成绩建立,以学生考试成绩来对教师进行等级划分,进而影响教师的评优、评先、年度考核、职称评定等。以学生的考试成绩为主要价值目标,过于侧重主科的教学,忽视学生学习兴趣、行为习惯、劳动技能等多方面的培养,违背了培养学生全面发展的科学教育观,整个教育管理呈现片面化和急功近利的缺陷。

②民主管理意识薄弱。在管理方法上,不少山区学校仍然延用行政命令式的管理模式,民主管理意识薄弱,习惯用行政手段推动工作,用制度和规范要求广大教师和学生去遵循,过多强调学校和领导的权威,忽视教师和学生的思想和心理。在行政命令的管理下命令自上而下单向流动,很难形成自下而上的反馈,容易造成管理决策的武断和偏差,影响校园的民主、和谐。行政化管理也使教师和学生成为执行命令的工具,难以发挥教师的主观能动性;由于缺少教师民主参与的平台,管理的科学化和精细化很难实现,管理效果受到影响。

同时,校长负责制的实行,提高了校长管理学校的自主权与决定权,也进一步加剧了行政化管理。一些山区学校校长的民主管理意识薄弱,在行政管理上"一言堂",教师队伍管理中,缺乏完整的教师评价体系、一致的评价准则,对有些人可能过于苛责或过于宽容,对教师工作影响不良,影响学生成绩。这样的教育管理刺激了更多的教师想要离开。

③受师资限制科学管理难以实施。教师在整个教育教学管理活动过程中一直处于主导者、实施者、执行者和被管理者的地位，是影响各类教育活动教学成果的主要群体，重要的教学和活动要靠大多数教师执行和完成。山区教师岗位经常空缺，给管理工作带来不利影响。

山区教师群体主要由乡镇普通学校公费师范生、城市下乡轮转的教师和少量通过公开招考自主培训入职的任课老师构成。乡村教师培训方面，2020年教育部公布数据显示，2015—2019年，中央财政投入100亿元，实施国培计划中西部项目和幼师国培项目，培训乡村教师校长950万余人次。经过各个方面的努力教师质量总体有所提升，但一些学校里面领导、教师个人素质和师德意识培养仍然不够，对于教育工作相对懈怠，对山区学校的归属心弱，教师大多属于短期留驻，导致山区学校现在的教师队伍流动性问题越来越大，人事干部职务频繁变动。

面对教师短缺和流动性大的双重问题，山区学校教育管理流失了执行者和被管理者，难以建立完善的教育管理机构，难以形成系统的教育管理。在教学管理中，难以按照教学计划、实施、检查、总结等环节进行课堂教学，教师没有精力开展各种教学活动和教学改革创新，教学质量难以提高，教学管理流于形式，没有办法执行到位，教学计划和最终的教学考核、教学效果变成"两张皮"。

(2)管理"缺位"的危害

①管理不当增加安全隐患。政府和社会对山区教师的关注不足，管理"缺位"，会为教师的一系列不当行为埋下隐患，包括施暴、体罚、辱骂学生等。可能会对学生的身心健康造成严重的影响，甚至可

能对学生的生命安全产生威胁。

山区教育的基础设施大多年代较久,且山区环境复杂,安全隐患较高,对于基础设施的管理和维护不足,会加深山区教育的安全隐患。自我防护能力弱小的儿童,对环境的要求应该更高,山区学校教师短缺,环境破旧,存在较大的安全隐患。

②管理不当带来师生思想滑坡。尊师重教是全社会的思想共识,也是党和国家长期以来对教育事业的要求,但是教育队伍难免会出现教师道德品行问题。山区学校的管理缺乏深度,学校在教师职业道德建设方面措施落实不彻底,注重教师的业务水平和教学能力,而轻视教师的职业道德建设,缺乏对青年教师的引导、监督和培养。最终,个别教师的思想道德水平出现滑坡。

对学生品行的正确管理和指正是树立学生良好价值观的关键,但社会上经常把对教育关注的重点放在学校和老师出错的地方,部分家长文明素质不够高,对子女无条件地维护,不顾及事件的真相,一味地指责学校领导和老师,让教师的教育工作无法展开。而学校过于注重主科的教学,忽视了对学生思想道德方面的教育,进一步影响了学生的思想道德素质。

③管理不当导致教学水平下降。山区的教育队伍缺乏优秀教师,部分的山区教师年龄较大,专业知识陈旧,教学停留在经验水平,难以上升到科学化水平。年轻教师缺乏教学经验,山区教师业务水平整体较低。在教学管理形式化情况下,部分中小学的课堂教学存在气氛沉闷、方法呆板、手段落后、组织松散、效率低下、质量不稳定等问题。虽然现在很多学校都启动了远程教育工程,老师也都持证上岗了,但对山区学生的偏见仍然存在,教师对山区学生的不重视,

对调离山区的过分渴望都会导致山区教学水平的下降。

无论是对教师的管理还是对学生的管理，要从制度上严要求、强管理，规范教师教学与学生学习的各种行为。与此同时，还要重视情感教育的人性化管理，充分激活山区教师的教学潜能，调动他们的教学积极性，挖掘山区学校学生的学习潜力，激发他们主动参与学习的兴趣。实现山区学校教育的"教"与"学"相长，努力提高山区教育管理水平。

（二）山区教育衰退的直接原因分析

1. 区域、城乡之间不均衡发展的剪刀差

（1）区域、城乡经济水平的差异

社会经济水平是影响教育发展的关键因素。从我国的经济发展情况来看，长期以来我国实行的城乡二元结构导致城市与乡村经济存在巨大的差距。这些年来，我国进行乡村振兴，加快农村发展的步伐，但这个鸿沟并不容易填平。

以浙江省为例，改革开放以来，浙江省经济飞速发展，但是城市与农村的发展还是存在巨大的差异。据国家统计局数据，截至 2020 年，浙江省城镇居民可支配收入从 1978 年的 278 元增长到 2020 年的 62699 元，农村居民人均纯收入从 1978 年的 138 元增长到了 2020 年的 31930 元，可以说农村居民收入在这些年不断提升，农村也在不断发展，甚至增长速度快于城市。但是我们不难发现，无论是

1978 年还是 2020 年,城镇居民可支配收入都是农村居民收入的两倍多。

由表 1-1 可知全国城乡居民的收入水平逐年增长,甚至农村居民的收入增幅一度超过了城镇居民,但是从 1990 年开始城乡居民收入差距的绝对差额在不断扩大,并且每年都以稳定的趋势增长,2018 年的绝对收入差距高达 2.8 万元。

表 1-1　2010—2018 年城市、农村居民人均可支配收入情况

单位:元

年份	城市居民人均可支配收入	农村居民人均可支配收入	绝对差额	城乡收入比
2010	27359.02	11302.55	16056.47	2.420606
2011	30970.68	13070.69	17899.99	2.369476
2012	34550.3	14551.92	19998.38	2.374278
2013	37080.0	17494.0	19586.0	2.119584
2014	40393.3	19373.0	21020.3	2.085031
2015	43714.5	21125.0	22589.5	2.069325
2016	47237.0	22866.0	24371.0	2.065818
2017	51260.7	24955.8	26304.9	2.05406
2018	55574.3	27302.4	28271.9	2.03551

(数据来源:《中国统计年鉴 2019》)

因此,可以看出虽然农村居民的生活在不断提升,不断往好的方面发展,但与城镇的差距并没有缩小,而城乡经济的差异必然导致对于教育的人力、物力、财力等方面投入的差异,那么很显然农村山区的教育必然与城镇存在巨大差距。

(2)城乡居民观念的差异

教育是社会进步的重要引擎,而城乡居民的生存观念对教育价

值的认知产生深远的影响。生存观是人们在生存的过程中对生命的态度和观念，不同地区的居民，无论是在教育观念还是生存观方面，都呈现出独特的特点。这里我们聚焦于城乡居民的教育观念，特别关注他们对教育价值的体认，探讨生存观如何影响家庭对子女教育的态度和期望。

在中国的城乡差异中，教育价值的认知差异受到生存观的指导。乡村与城镇之间的生活条件差异显而易见，这种差异在乡村居民的生存观中得以体现。尽管城市居民与农村居民都承认基本的温饱需求，但他们对生存的追求却呈现出显著的差异。这种差异不仅影响了他们的消费观念，也在教育领域产生了深远的影响。城市家庭在相对优越的条件下，更可能将更多的资源投入子女的教育，包括更高的学历期望和更广阔的发展视野。

王利在《城乡 3—6 岁儿童父母教育观念调查研究》中提到了城乡家庭教育观念的四个方面：成才观、亲子观、儿童观和教子观。其中，成才观在城乡居民中的表现也呈现差异。城市家长普遍更希望孩子通过高等教育来实现自己的成才梦想，而农村家长的期望相对较低。这种观念差异直接关联到生存观对教育价值的引导作用。城市家长由于相对充足的物质条件和更多的受教育机会，更容易形成将孩子培养成社会精英的期望，而农村家长可能更加注重实用性的技能培养，以适应更加艰苦的生存环境。

同时，城乡居民的亲子观也在生存观的影响下呈现出差异。城市父母强调与孩子平等相处，尊重孩子的个体需求，而农村父母在传统观念的影响下，可能更强调权威教育。这也与生存观中的基本温饱需求密切相关，农村家庭可能更关注孩子的实践能力和适应能力，而城市家庭更注重孩子的个性发展。

总之,城乡居民的生存观对其教育价值观产生深远的影响。生存观决定了个体对教育投入的态度、对孩子成长的期望以及亲子关系的模式。因此,理解城乡居民的生存观,有助于更好地理解他们在教育领域的行为和态度,为构建更加平等和多元的教育环境提供有益的参考。

(3)教师资源分配的差异

"教育大计,教师为本。"一个学校的教育质量很大程度上由教师决定,教师是高质量学校教育的关键,教师决定着一个学校能否培养出全面发展的学生,能不能为国家建设培养杰出的人才,以促进社会快速发展。一直以来,我国城乡义务教育存在着很多方面的差异,尤其是教师逐渐成为焦点问题。

新中国成立后,特别是改革开放之后,我国教师队伍得到了巨大的发展,据教育部 2022 年统计数据,2021 年全国各级各类学校共有专任教师 1792.97 万人,比上年增加 60.94 万人,增长 3.52%,其中,特教教师增加 6.11%,幼儿园教师增加 5.44%,有力地支撑了教育改革发展。虽然此时的教师数量在县乡区域更多,但是教师质量与城市教师还存在相当的差距。

我国社会长期处于城乡二元结构,城乡互相割裂,教育也自然而然地随着城乡的割裂而割裂。2009 年,时任教育部部长周济坦言:"如果说现在城乡之间教育还存在着比较大的差距的话,硬件差距还有,但不是最重要的,最重要的差距就是教师队伍的质量。"①

而在接下来的许多年里,我国不断出台新的政策,不断合理规划分配城乡之间的教师资源,如 2015 年,国务院在《乡村教师支持计划(2015—2020 年)》中规定了乡村教师资源在政策意义上的配置方式,有效改善了乡村地区师资不足的状况。2017 年教育部印发《县域义务教育优质均衡发展督导评估办法的通知》,规定了县域内教师资源优质均衡发展的配置要求。2018 年,国务院《关于全面深化新时代教师队伍建设改革的意见》明确提出"深化教师管理综合改革,优化义务教育教师资源配置"。2020 年,教育部等六部门颁布《关于加强新时代乡村教师队伍建设的意见》,提出要加强新时代乡村教师队伍建设,努力造就一支热爱乡村、数量充足、素质优良、充满活力的乡村教师队伍。②

虽然我国针对乡村教师资源配置方面已经做了莫大的努力和改进,但是我们可以发现增长的教师主要在城区,县乡的教师数量明显在减少,由于各种原因,城镇与乡村的教师资源仍然存在巨大的差距。区域间、学校间教育资源不均衡现象依旧突出,令家长满意的基础教育短期难以实现。以 2018 年专任教师学历构成城乡差异为例,数据来自《中国教育统计年鉴 2019》,分析如下。

2018 年,全国小学阶段专科及以上学历教师比例为 97.3%,其中,城市小学为 99.1%,农村小学为 96.3%,城乡差距为 2.8 个百分

---

① 周济.城乡之间教育最重要的差距是教师队伍差距[EB/OL].[2009-9-11].http://www.china.com.cn/news/2009/09/11/content_18507801.htm.

② 龙冠丞.乡村教师资源配置优化策略研究——以 R 县为例[D].南宁:南宁师范大学,2021.

点。全国初中阶段本科及以上学历教师比例达到 87.4%,其中,城市初中为 93.1%,农村初中为 84.0%,城乡相差 9.1 个百分点。小学阶段的城区研究生学历专任教师是镇乡的 3.2 倍,初中阶段则为 2.8 倍。本科学历中,无论是小学阶段还是初中阶段,本科以上学历专任教师数量都低于镇区及城区。总之,义务教育阶段,尤其是小学阶段,学校专任教师的学历构成城区学校高于镇区学校、镇区学校高于乡村学校这一不均衡的现象还是很明显的(见图 1-2)。

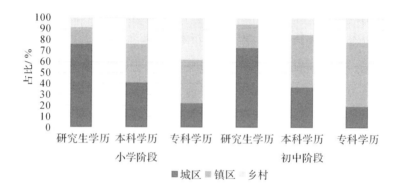

图 1-2　2018 年专任教师学历构成的城乡差异

(数据来源:《中国教育统计年鉴 2019》)

(4)教学资源分配的差异

教学资源是指为了教学的有效开展而提供的素材等各种可被利用的资源,通常包括教材、案例、影视、图片、课件,也包括教师资源、教具、实验器材、基础设施等,广义上来讲也涉及教育政策等内容。本书所说的教学资源主要指学校的办学条件,包括硬软件资源。

城市通常拥有较高的经济水平,这意味着城市有更充分的教育经费投入教育领域。城市的税收和经济活动为教育提供了可观的资金支持,使得教育资源的配置更加充裕。高额的税收收入使得城市能够投资于教育设施的建设、教材和教具的更新以及教师培训等,从而为教育提供更好的条件。

城市汇聚了各行各业的人才,这为教育提供了丰富的人力资源。城市中的教育机构能够吸引优秀的教育从业者,从而提高了教育的教学质量。同时,城市也为学生提供了更多的学习机会,可以更便捷地接触到不同领域的专业知识和文化活动。

城市相对于乡村来说,拥有更多的教育机构和先进的教育设施。高校、中小学、培训机构等的密集分布,使得城市的学生能够选择更适合自己发展的教育路径。现代化的教育设施,如实验室、图书馆、体育设施等,有利于学生更全面地发展。

城市高水平的信息化发展也渗透到了教育领域。数字化教育资源的丰富和在线学习的普及,使得城市的学生能够更灵活地获取知识,拓展学习领域。同时,信息技术的应用也提升了教育的效率和互动性,加强了师生之间的联系。

我们不难发现,乡村的教学条件和城镇相比差距巨大,他们缺少图书资料、实验仪器、其他教学用具以及现代信息技术设备,而这些教学设施的完整程度也能在很大方面影响教学和学习的效果。乡村学校的建设、基础设施的配备等方面都远远不如城镇,比如一些城市小学中有图书馆、实验室、塑胶操场、音乐室、乐器室、美术室等等能够帮助学生全面发展的配备,而乡村小学基本没有这些设施的配备。在比较落后的乡村,这些基础设施建设非常迟缓,而在城镇当中,学生能够享受舒适的、根据人体结构设计的课桌椅,能够使用新款的教学设备,学习信息技术,体验科技化教学,甚至在学习空间中还有服务于学生生活需要的设施以及美化学习空间环境的设施等,如悬挂学生衣物的衣架、美化环境的绿色植物等等。这些生活设施和美化设施的存在进一步为城市学生提供了更加整洁和优美的学习环境[①]。

图 1-3(1)农村小学教室　　　　图 1-3(2)城市小学教室

对比图 1-3(1)和图 1-3(2),这两张图片我们可以很快地分出哪一个是农村小学,哪一个是城市小学,图 1-3(1)中可以清楚地看到,木桌木椅,简易的教学设备,学生都穿着自己的衣服,这是农村小学;而图 1-3(2)是城市小学,定制的有色彩的课桌椅,多媒体设备,窗帘,穿着统一的校服,教室设备整洁、美观,相比于农村小学的学习环境,我们可以明显感觉到两者之间的差距。

国家已经意识到这一问题,加大了对农村义务教育的投资,但差距依然较大。教育部 2021 年 11 月发布的《中国教育概况——2020年全国教育事业发展情况》显示,义务教育阶段教学仪器设备配置水平进一步提升,城乡差距依然较大。全国小学生均教学仪器设备值1809 元,比上年增加 137 元,增长 8.2%,农村小学 1652 元,相当于

① 辛晓玲.城乡小学教学空间的差异性研究[D].济南:山东师范大学,2020.

城市小学的 80.4％,比上年提高 2.6 个百分点;全国初中生均教学仪器设备值 2835 元,比上年增加 210 元,增长 8.0％,农村初中 2541元,相当于城市初中的 77.0％,比上年提高 0.6 个百分点。义务教育阶段建立校园网学校比例继续提高,城乡差距依然较大。小学建立校园网学校比例 70.4％,比上年提高 1.7 个百分点;初中 77.4％,比上年略有提高。农村小学建网学校比例为 67.3％,比城市学校低17.2％;初中学校建网比例为 74.1％,比城市学校低 12.6％。

2. 城镇化对优质教育的虹吸效应

(1)优质教师资源流向城镇

城镇化的虹吸效应可以通过优质师资流向表现出来,城镇化给乡村教师带来了巨大的冲击,表现为以下几个方面。

①城镇优良待遇对教师的吸引。山区教师薪资待遇低,很多教师对工资待遇不满意。CEPS 数据显示,男性教师对于薪资待遇不满意的占43.22％(其中很不满意 22.46％、不太满意 20.76％);女性教师对于薪资待遇不满意的占 38.75％(其中很不满意 13.10％、不太满意25.65％)。另外有一项数据显示,教师参与轮岗交流最看重的就是"工资待遇的提升"(占 72％)与"职称评选"(占 69％)。① 相对于山区,城市的工资待遇要高很多,2022 年有媒体报道北京市教师平均工资高达每年 18 万多元,许多教师被城市优厚的工资待遇吸引离开山区。

②城镇对优质教师有巨大需求。城市在发展的过程中需要大量

---

① 唐子超,霍翠芳.坚守与退却:乡村学校教师流动的内涵、困境与出路[J].现代教育科学,2022(04).

的人才,教育就像是一只"老母鸡",能持续孵化人才,为城市发展提供源源不断的核心竞争力,因此城市要发展就要有大量的学校来培育人才,同时学校也能为引进的人才解决后顾之忧,解决他们的子女在当地的就学问题。很多城市把教育看成是城市长期发展的一种投资,是提高城市未来竞争力的一种方式。2022 年,多家媒体报道,广州、深圳、苏州、无锡、鄂尔多斯等多个城市在全国抢人才招聘教师。

③城镇能提供教师更多的交际平台。山区教师在农村有着巨大的"孤独感",乡村地广人稀,经济落后,缺乏各种休闲娱乐场所、体育锻炼与公共文化场所,这使乡村教师缺乏学习和成长的空间,在周末或者假日里,乡村教师也难以培养自己的业余兴趣,难以排遣自己心中的压力,逐渐失去工作的动力;乡村年轻劳动力大多外出务工,留乡人口两极化,年轻教师缺乏年龄相仿的朋友,缺少能够正常交流的人群,与老年人和小孩子都存在一定的交流代沟,心理压力大。[①] 在这样的环境里,山区教师的婚恋也成为一个难题。

④城镇教师更能获得职业成就感。城镇教师能拥有更好的工作平台——更好的教学资源、更好的学生和更好的技能培训渠道,教师的教学科研能力在城镇能很快获得提升,能取得更多教科研成果,职称评定也更容易成功。因此在城镇工作,教师获得比在山区工作更多的职业成就感。

乡村学校工作机会较少,随着优秀的教师资源流入城镇,城镇学校的教学效果也良性发展,由此获得更多学生及家长的青睐,更多的

---

① 唐子超,霍翠芳.坚守与退却:乡村学校教师流动的内涵、困境与出路[J].现代教育科学,2022(04).

生源也就意味着需要更多的师资力量，对于教师来说就是更多的工作机会。由此可见，将会形成一个闭环，城镇学校的工作机会会越来越多，教师们会更加向往城镇学校的工作而流向城镇。

总的来说，城镇化对乡村教师的影响非常大，每一个人都想要去更好的地方发展自己，教师也不例外，大多数乡村教师都希望往更好的地方发展，希望有更高的薪资、更好的工作环境、更高的未来成就等等，这就导致优质的教师资源逐渐向城镇转移。

（2）优质学生资源向城镇转移

城镇化的虹吸效应也可以通过优质学生资源流向城镇表现出来，如上文所提到的，城镇化导致优质师资流向城镇，那么自然，学生也会为了追求更好的教育和受教育条件而向城镇转移。参见 2020 年城乡中小学在校生人数（见表 1-2）。

表 1-2　2020 年城乡中小学在校生数

区域	小学		初中		普通高中	
	在校生数/万人	比例/%	在校生数/万人	比例/%	在校生数/万人	比例/%
城区	4203.1	39.2	1902.9	38.7	4072.5	97.8
镇区	4071.7	38.0	2373.3	48.3	90.5	2.2
乡村	2450.4	22.8	637.8	13.0		
合计	10725.2		4914.0		4163.0	

（数据来源：《中国统计年鉴 2021》）

由表 1-2 可知，2020 年我国共有小学在校生 10725.2 万人，城区、镇区、乡村小学的在校生占比分别为 39.2%、38.0% 和 22.8%；初中在校生 4914.0 万人，城区、镇区、乡村的初中在校生占比分别为

38.7％、48.3％和 13.0％,与小学阶段相比,初中阶段乡村学校在校生的比例明显降低,从原来的 22.8％下降到了 13％。这一阶段,还有一个显著特点是镇区初中在校生的比例有明显增加,增加了 10.3％。同年,普通高中在校生有 4163.0 万人,其中农村高中的在校生占比进一步下降到了 2.2％,而城区高中的在校生占比提高到了 97.8％。也就是说,到了高中阶段,绝大部分学生在城区的高中就读,只有 2.2％的学生在农村高中就读。从这里我们可以看到,生源正一步步地从乡村走向城镇,乡村逐渐失去了优质的生源。

究其原因,我们不难发现:第一,在学校数量方面,乡村地区学校数量不多,更不用说优质的重点学校。例如城乡学生数量悬殊的高中,由表 1-2 的数据可知,高中阶段只有极少学生在乡村就读,很大一部分原因是乡村地区根本就没有重点高中甚至普通高中,学生们自然而然就流入城镇地区就读。第二,在学校资源方面,乡村地区学校的规模较小,且一系列的教育资源也相对不足,例如实验室、图书馆和计算机等资源,这些在很大程度上会影响教学效果,从而使学生趋向于选择在城镇学校就读。第三,优质师资的流动也会带动学生资源流向城镇。

(3)各方经济资源向城镇靠近

城镇化的虹吸效应也体现在各方经济资源流向城镇,正如我们所见,从古至今,经济越发达的地区,越能吸引人前来。例如我们调研了解到,杭州市西湖区教育局 2022 年收入预算为 289887.06 万元,教育支出 263658.64 万元,而衢州龙游县教育局 2022 年收入预算为 101251.07 万元,教育支出预估 89177.21 万元。杭州市西湖区的教育支出几乎是龙游县教育支出的三倍。我们可以很明显地发现,西湖区教育局无论是收入还是支出都比龙游县多很多,其中少不了当地政府的支出和各方经济的支持。杭州市作为浙江省省会,经济发达,各方面发展前景更好,政策也更加倾斜,这就导致各方企业向杭州市靠拢,各类人才在杭州市创业,创造更多的就业岗位,越来越多的人来到杭州工作,这就使杭州市政府的收入高了,那么支出也就相应上升,这一系列的蝴蝶效应慢慢加大了城乡之间的差距。由此引发优质师资和生源进入城镇,城镇的教育向好发展也会带来当地经济的发展,加速城镇化进程,从而形成这样的城镇化虹吸效应循环。

3. 市场经济浪潮席卷山区青壮年劳动力

(1)市场经济下山区青壮年劳动力的选择

市场经济是指通过市场来进行社会资源配置的经济形式[①]。在市场经济下,无数的农村青壮年劳动力被卷入市场经济的壮阔浪潮。改革开放以来,中国的经济发展取得了长足进步,农村地区的人力、财力和物力都单向地由农村输出至城市,大量的基础设施建设普遍集中在城市地区。市场经济发展十分迅速,正如时代迅速更替,而城镇相较于乡村,在市场经济发展方面具有天然的优势,城乡市场经济悬殊。首先,城镇的各行各业发展更为迅速,能够为农村青壮年提供更多的就业岗位,能满足山区青壮年劳动力谋求生计甚至更高的生活需求的要求;其次,城镇的快节奏生活环境以及现代化的生活特点,更加符合当代年轻人的特点,更加能够吸引山区的青壮年劳动力

---

① 邢亮,刘乾承.中国共产党领导中国式现代化的道路创新与经验启示[J].兵团党校学报,2022(05).

进城务工;最后,市场经济所带来的机遇,对山区青壮年劳动力具有强烈的吸引力,他们希望能够在城镇当中抓住机遇,改变自己的生活。

市场经济下教育资源单向流入城市,市场经济的快速发展造成山区人才不断"走出去",促使山区教育衰退。一方面,市场经济的快速发展加快了城市发展的速度,各方资源顺势流向了城市,加大了城市教育资源的投入,山区青壮年劳动力相继涌入城市,对地方教育资源的投入以及国家针对城市教育方面的福利政策也会更加优于乡村。在这样的教育资源不均衡发展的大环境下,山区的青壮年为了让孩子能够受到更好的教育,能够走出大山,努力在城市打拼,在城区打造自己的一片天地。山区因此也逐渐失去更多的青壮年劳动力,这无疑大大加快了各方优势资源流向城市、向城市倾斜的速度,因而山区的教育与城市相比实力悬殊。另一方面,市场经济快速发展的巨大福利对山区的青壮年有着巨大的吸引力。市场经济的浪潮加速了城镇化的速度,每一个人都想去更好的地方发展自己,大多数乡村教师都希望往更高、更远的地方发展,希望有更高的薪资、更好的工作环境、更多的成就等等,这就导致优质的青壮年人才逐渐向城镇转移。

根据国家统计局浙江调查总队 2018 年农民工监测调查数据推算,2018 年浙江农民工数量为 1367 万人[①],新生代农民工占比为32.5%,比 2017 年提高了 2.7%,并且随着新一代农民工退出劳动岗位,新生代农民工的比重会持续上升。第七次人口普查显示我国

① 魏永利.2018 年浙江省农民工监测调查报告[J].浙江经济,2019(05).

流动人口为 37582 万人，其中跨省流动人口为 12484 万人。与 2010 年相比，流动人口增长 69.73％。

（2）市场经济下城乡之间的教育不平等

市场经济的浪潮不仅席卷了山区青壮年，而且还冲击了我国的教育领域。受市场经济的影响，教育的资源配置方式发生转变，政府调节和市场调节并存，教育走向"市场化"，教育服务成为一种交易，相当多的家长们愿意投入更多的金钱在教育培训上，愿意为教育服务买单。由于市场经济的不断发展，农村经济不断与城市经济出现鸿沟，农村的人均收入远远低于城市的人均收入，城市人有更多的资金可以投入子女教育。教育领域的"市场化"意味着城乡家庭在同等收费标准下，教育培训费用的支出对农村家庭来说无疑是雪上加霜。市场经济带来教育机会的市场化和教育成本的上升，可能加剧城乡之间的教育不平等。

城乡之间的教育投入经济成本差异显著。以家庭主要消费支出为例，山区家庭消费支出主要分为几个方面：一是基本生活需要消费如吃、穿、医疗等；二是生活改善类消费，如购买电器、改善住房、外出旅游等；三是教育文化消费等，包括购买图书、职业培训和子女教育等。我们调查发现，山区教育注重家庭生活消费和改善型消费，尤其是基本生活需要消费占家庭开支的 50％以上，教育文化类消费明显不足，教育类消费只占家庭开支的 13％左右。同时，我们还调查发现山区教育消费主要支出在子女教育上，占教育消费的 85％以上，子女教育主要是在学校教育支出，校外教育支出占比较低，只有 15.5％左右，远远低于城市的 45％左右。

在市场经济的潮流下，教育"市场化"还掀起了补习、培训浪潮。

从补习的直接经济支出来看,大城市小学生平均每学期课外补习花费 1980 元,补习费用占总教育费用均在 70% 以上。农村初中生平均每学期课外补习费 655 元,占总教育费用均在 55%,城乡教育支出的差距主要体现在课外补习上。如果加上隐性机会成本,城市家庭将承担更多的补习费用[①]。

城乡教育投入成本的差异性可能产生深远的影响。这种影响不仅体现在教育获得本身的不公平上,还体现在一代人乃至多代的社会流动上,它可能带来连环效应,充当了城乡差异、社会不公平的一种维持力量,甚至是强化力量。在教育市场化大潮下,当务之急是规范城市的教育服务市场,有计划地引导乡村发展政府主导下的多方位、多层次教育服务市场,同时倾斜性地发展农村正规学校教育,提高教学质量。

(三)山区教育衰退的本质原因解析

1. 山区发展内生动力的结构性瓦解

"冰冻三尺,非一日之寒。"经济的贫困、产业的不振与教育资源的匮乏、劳动力的流失,使得山区发展缺乏内生动力,进而导致山区教育衰退。然而,山区的贫困并不单单是地区的贫困,更是人的贫困、教育的贫困,山区教育的发展不仅缺乏经济的支持,更缺乏资源

---

① 陈全功,程蹊,李忠斌.我国城乡补习教育发展及其经济成本的调查研究[J].教育与经济,2011(02).

的支持、人的支持。

(1)山区贫困问题的特点

①贫困山区：从"赤贫"到"相对贫困"。

在"绝对贫困"这一概念诞生之初，人们普遍认为，绝对贫困的存在，是一个"不证自明"的事实。经过 20 多年的实践探索，人们逐渐认识到，从经济、社会、文化、生态环境等多方面看，绝对贫困依然客观存在。在中国特色社会主义新时代，消除绝对贫困已经成为我们追求共同富裕的一项重要目标。实现第一个百年奋斗目标，打赢脱贫攻坚战，在中华大地上全面建成小康社会，标志着我们在解决困扰中华民族几千年的绝对贫困问题上取得了伟大的历史性成就，创造了人类减贫史上的奇迹。[①]

党的十八大以来，中国特色社会主义进入新时代。扶贫开发作为国家重大战略部署和历史任务持续推进，社会各界对此的认识越来越深入、认识越来越一致。但与此同时，也出现了一些新情况、新问题、新挑战：一是我国扶贫开发战略取得重大进展；二是农村贫困问题没有得到"根治"；三是贫困人口仍然较多；四是解决扶贫开发领域中存在的突出问题还需要不断探索。因此在新时代全面建成小康社会、实现"两个一百年"奋斗目标和中华民族伟大复兴中国梦的重要历史时期，消除贫困仍然是一个必须完成、可以完成的重大历史任务和历史使命。

消除绝对贫困问题不仅关系到全面建成小康社会目标能否如期实现，而且关系到我国现代化建设全局；消除绝对贫困不仅是一个经

---

① 秦楼月.相对贫困治理的路径探析[J].人民论坛,2022(16).

济问题,而且是一个社会问题;消除绝对贫困绝不是终点,而是新时代脱贫攻坚总任务的起点。我国脱贫攻坚的全面胜利,意味着历史性地消除了绝对贫困。绝对贫困代表着人的吃、穿、住、安全饮水、基本的教育和医疗等基本需求没有得到满足。不过,绝对贫困的消除并不等于消除了一切形式的贫困。

贫困问题并没有因此而终结,贫困治理工作也不会因此而结束,而是迈向更为深层、更为持久、治理难度更大的缓解相对贫困阶段。[①] 作为一个相对独立的概念,相对贫困是一个值得关注和探讨的问题。我国从"温饱"走向"小康"、从"相对贫困"走向"全面脱贫"是一个历史性变革进程,这是一种重要理论认知和实践历程。

中国人民大学农业与农村发展学院教授汪三贵在 2021 年中国宏观经济论坛(CMF)发表中国宏观经济专题报告,指出当前应该制定相对贫困标准的原则,同时,为了实现国家反贫困目标,要建立长效机制,并且明确提出要健全"幼有所养、学有所教、劳有所得、病有所医、老有所养、住有所居、弱有所扶"的国家基本公共服务制度体系。值得注意的是,随着城市化进程,更多的人口进入城镇,所以未来城市的相对贫困问题也需要统筹考虑。

②农民贫困化与农村空心化。

农民贫困化与农村空心化是目前我国农村的主要问题,二者都与农民收入低、就业机会少、专业技能不高有关。农民贫困化的表现是农民收入普遍低下,但并不能简单地将其归结为"贫困"。因为在传统社会中,农民与土地紧密联系在一起,土地是一种非常重要的生

---

① 秦楼月.相对贫困治理的路径探析[J].人民论坛,2022(16).

产资料。农村社会中的"家"既是对个人的保护和关怀,也是其谋生手段的基本保障。因此,无论从哪一个角度来看,在农民贫困问题上都不能简单地认为他们生活条件太差。此外,因为土地对农民个人来说非常重要且直接关系到他们未来的生计问题和社会保障问题,所以土地对于农民来说不仅是一种基本生产资料,更是一种生活必需。

但是农村空心化则不同。农村中的大量青壮年劳动力流向城市工作,造成农村人口分布不合理。由此产生了农村青壮年劳动力缺乏以及"农转非"导致大量的"三无"人员、空巢老人、留守儿童等社会问题。目前我国正处于从农业生产向非农业生产转向的过程中,而农村青壮年劳动力缺失和人口流动引发的一系列社会矛盾与冲突在一定程度上反映了这一过程。但是我国人口众多、人口红利仍在持续释放以及城镇化进程中积累了大量的土地和社会资源等因素的影响,使得在现阶段和今后一个时期之内,我国将会继续保持相对稳定、较快的增长速度。因此,在现阶段和今后一个时期之内,我们应继续以扩大内需为主要战略,并重点关注农业农村的发展,不断提高农村人口的收入水平和生活质量。同时,还应继续加强城乡统筹与区域协调发展。在我国现有的区域政策体系下,由于各地区经济发展的不平衡性,在统筹区域城乡协调发展过程中应该注意到农村地区也应该被纳入统筹范围。

除此之外,在新常态下,应继续推进农业供给侧结构性改革。尤其是在"互联网十"时代农业领域将会面临新一轮变革,传统农业模式难以满足经济社会发展需求,需要大力培育新型职业农民以提高他们对农业种植方式、产业链条和市场分工等方面的认知水平。要促进新型城镇化进程中农业劳动力转移就业。第一,应继续推进户籍制度改革和土地制度改革。户籍改革应充分考虑人口流动对土地流转以及农村产业结构调整造成的影响及带来的社会问题。土地制度改革要充分考虑到农村人口向城市流动之后可能面临不能继续获得稳定土地承包权和使用权而必须重新获得宅基地使用权或者在城市的购房资格的问题。第二,提高农民对新产业、新商业模式以及创业等方面知识的认知水平。第三,加强农村社会保障体系建设。一方面应积极完善社会保障体系以缓解社会矛盾;另一方面也应促进农村养老、医疗保险与新型农村社会养老保险制度有效衔接以及城乡医疗保险制度的衔接等问题。

③收入差距悬殊的"两极分化"。

城乡收入差距之所以越来越大。究其原因,有以下三点:第一,农业本身的特点。我国农业作为传统产业,本身具有弱质性,存在基础薄弱、生产力落后、比较效益低下等问题,农民素质较低、农村地区文化教育的落后使农村的落后生产方式长期存在,不像其他产业代表先进的生产力,因此农业很难赶超工业,乡村也很难赶超城市,由此导致城乡差别凸显。第二,长期以来国家的宏观政策和经济改革形成的城乡二元经济结构。新中国成立后,面对我国生产力极其落后、国家一穷二白的现实,采取了以农补工的政策。在很长时期内都坚持城市优先发展导向,农村则主要是发展农业以提供农产品和基础资源。一系列城乡分治的国家政策经过长期积淀,形成了包括户口等在内的二元经济社会结构下的城乡差别。第三,生产要素的城乡差距。劳动力、土地、技术等都是主要生产要素,在当前土地等生产要素向更容易产生效益增长的非农部门偏向。过多的生产要素向非农部门偏向不仅造成了资源浪费,而且使得农业部门可能由于生产要素不足而出现增长滞后,农村劳动力的流失和农业技术人员的缺乏导致农村经济增长动力不足。因此,调整城乡收入分配关系就得从根本上来改革当前政府的宏观政策制度,发展农村教育事业,改革生产要素市场的运作方式。

(2)山区产业劣势

产业兴旺是实施乡村振兴战略的首要任务和工作重点,更是乡村振兴的基础和保障。只有做大、做强、做优乡村产业,才能保持乡村经济发展的旺盛活力,为乡村振兴提供不竭动力。① 然而,要实现从"被山所困"到"靠山致富",还有很长的一段路要走。如何弱化产业劣势,放大产业优势,扬长避短,从而实现产业的持续、健康、协调发展,进而实现"上马一个项目,壮大一个产业,繁荣一方经济,造福一方百姓"的发展理念,吸引优质项目在山区"落地生根",成为山区产业发展的难题。

山区地形崎岖、交通不便的自然条件,使得山区较为闭塞,同时也大大增加了山区基础设施建设的难度,"要想富,先修路"是山区人民的共识。山区虽面积广大,但其耕地资源严重不足,在此基础上发展农业经济更是难上加难。乡村振兴的基础在于产业兴旺、产业振兴,产业发展是增强农村地区造血功能、帮助群众就地就业的长远之计。近年来,国家出台了各项措施,助力乡村振兴、发展山区产业、繁荣山区经济。

因此,因地制宜地发展山区产业,深入挖掘乡村这一地域综合体

---

① 徐雪高,侯慧杰.如何理解"产业兴旺"?[N].农民日报,2019-01-05.

中包含的多重资源价值,包括土地资源、文化旅游资源、生态资源等,深化农业农村改革,推动资源变资产,用产业化、市场化的手段,集聚资本、人才、技术等优质要素汇聚乡村,成为推动乡村发展不竭的内生动能。

(3)山区发展主体严重流失

我国第 7 次全国人口普查公告显示,2020 年我国户籍人口的城镇化率为 45.4%,而乡村常住人口仅占 36.11%。这庞大数据的背后,是山区人口的逐渐流失,是山区发展主体的逐渐流失。随着现代化农业的发展,山区农民已经很难从从事农业生产中获得符合预期的收入,出于经济因素的考量,山区大量的劳动力从原来的农业生产中转移出来,越来越多的人选择走出大山。这些青壮年劳动力,或前往附近的城镇,或奔赴薪资高、就业机会多的大城市打工,从而使山区产业结构发生改变。

经济发展之困,最大的困境是山区留不住人口,更留不住人才。山区农村发展速度较慢和投资环境差,缺乏育才、引才的实力和舞台,缺乏对人才的吸引力,致使人才的工资水平和福利待遇偏低,满足不了人才的需要,因而外地的人才引不进,本地人才也留不住。另外,有很多山区大学生考出去后选择留在北京、上海这样的大城市,返回山区家乡发展的并不多见。这也可以理解,因为大城市的工作环境和发展前景更好。这就造成了山区农村发展速度较慢,经济结构比较单一。

陷入困境的不仅是山区的"人",更有许许多多山区企业。在山区发展企业,有一大突出的问题——用工难。企业的发展很大程度上取决于员工的工作质量及工作效率,但山区企业所雇佣的工作人员大多数为山区的劳动力,他们普遍文化程度较低,缺乏专业的技术培训①,而大多数相关专业的毕业生不愿前往山区就职,因此,专业人才的欠缺便成了令山区企业"头痛"的顽疾,也极大地制约了山区企业的进一步发展。

当然,山区企业自身的局限性也是一重要诱因。在市场环境不断变更的当下,部分山区产业并未改变自身发展模式,完成产业的调整与升级。其经营模式仍以家族型、经验型为主,缺乏科学的管理模式和运营模式,难以跟上时代发展的步伐,完成自身产业的调整和升级。基于此,面临困境的山区企业或停滞不前,或选择搬迁,或就地解散,处境不容乐观。

2. 生活方式和观念体系的现代重构

改革开放以来,中国处于飞速发展时期,在从传统社会到现代社会转型的过程中,人们面临着信息大爆炸的冲击,各种好的坏的真的假的信息影响着人们的三观。科技的进步,多样诱惑的降临,使人们的生活方式和观念体系经历了现代重构,各行各业都在摸索着向前发展,各种规章制度在慢慢完善。

(1)从"价值崇拜"到"物质崇拜"

在当代中国,经过改革开放,欧美国家"金钱观""利益观"的传入,深深地影响着大家的思想,某些人的价值观从对仁义礼智信持有发自内心的尊崇,转变为将个人利益作为价值选择的主要标准来对待。时常出现为了一点钱财父子反目、兄弟阋墙,或者为了利益不择

---

① 邓茂林.浅谈贫困山区农业企业发展存在的问题与对策[J].市场周刊(理论版),2018(13).

手段,突破传统道德底线的情况。个人主义、利己主义滋生,个别人缺失社会责任感。并且互联网时代,年轻人接收的信息增多,很多年轻人面对多元化的价值观、社会的贫富差距,精神上空虚,对于人生和未来方向出现迷茫、没有方向感甚至以"物质"为先的情况,面对现实生活中的压力和挫折,往往以"躺平"的方式主动退缩、放弃。

(2)由传统社会向现代社会转型

由传统社会向现代社会转型是我国现代化的重要标志,也是推动中国式现代化的必要过程。这一转型过程中,中国社会发生多方面的变动,主要包括:政治制度、思想观念等方面发生了巨大变化;经济结构、产业结构出现重大变化;科技和文化发展日新月异,等等。这些社会转型是由诸多因素造成的,如"人与自然"关系的改变(农业文明向工业文明);"人与自我"关系的调整(以人为中心向以人为核心);"人与人"关系变化带来的社会关系变化和交往方式变化等等。在传统社会向现代社会转型的过程中也存在着很多因转型而产生的社会问题,如贫富差距拉大、两极分化等。因此,我们在对中国传统社会进行现代化建设时,必须充分考虑到这些不利因素。

中国传统社会向现代社会转变也推动了教育、科技的革新。传统社会中,教育以儒家经典为基础,侧重于道德教育和传统文化的传承。现代社会中,教育更加注重理性思维、实践能力和创新思维的培养,科技发展也为教育和信息传播提供了更多的方式和工具。这一切潜移默化地推动了价值观的转变,影响人们正确看待世界、正确看待自身。

(3)生活观念的重构:消费主义的影响

中国在走自己的道路的同时也借鉴了市场经济提升生产效率的

成功经验,消费主义随着市场经济慢慢走进中国。消费主义是人们无节制、无顾忌地消费物质财富和自然资源,并把消费看作人生最高目标的消费观和价值观。消费主义的理念放大了人们对商品占有和消费的欲望,从而推动了社会生产规模的扩大和产品的增加。然而,这种现实又进一步诱导商家来刺激人们的消费欲望。总结起来,消费主义引发并加剧了个人对商品欲望的无限性与资源有限性之间的矛盾。

消费主义对山区孩子的思想产生消极影响,引起他们消费观念和消费行为上的严重偏差。不少孩子把消费额度的多少和消费档次的高低当作衡量身份地位的重要标志,滋生攀比、从众心理。山区孩子的经济条件和消费能力远远比不上城市孩子,面对两者之间的巨大差距,有的孩子的理想信念发生了改变,变得享乐化和低俗化,把个人实惠作为主要价值取向、判断标准和行为准则,出现了享乐主义、拜金主义和极端个人主义思想。增加了进行正确理想信念和价值观教育的难度。同时,消费主义与生产过剩和资源过度消耗存在紧密联系,给中国现有的资源短缺问题带来了负面影响。作为一种意识形态和生活方式,消费主义对人类和自然的和谐关系造成了严重冲击,同时也引发了由人为原因导致的生态环境风险。资本主义制度的根源、异化劳动的实践基础和工具理性的认知起源共同形成了消费主义视角下生态环境风险的内在逻辑。消费主义所带来的生态环境风险具有逐渐累积、渐进性增加和隐蔽性增强的特征,表现为环境安全、环境健康以及环境伦理等不同风险类型。生态环境产生风险影响到的就是山区教育环境,孩子们感受自然、感受生命的场所受到威胁。因此,消除消费主义的影响,考虑环境和资源的承受能力,引导孩子树立健康、绿色的科学消费观,是学校思想政治教育的重要任务之一。

3. 教育社会化与市场化的宏观博弈

宏观博弈的教育社会化与市场化,正逐步成为各界热议的话题。随着市场经济的快速发展,如何引导市场经济背景之下的教育社会化向好发展是我们当下需要关注的一个重点话题。

(1)市场经济背景下教育社会化的发展

市场经济的快速发展实现了对于教育资源和经济资源的进一步分配。市场经济背景下教育社会化发展进程使得教育资金长期不足的局面得到了改变,目前适龄儿童入学率得以迅速提升。有赖于教育社会化办学政策的积极发展,联办学校、独资学校的迅速发展,在很大程度上完善了适龄学生享受教育的基本条件。

(2)现代教育社会化发展中存在的问题

教育的社会化是目前教育理论中一个长期存在的问题,对教育的社会化的理解并不是非常完善。不可否认的是在很长的一段历史时期,教育社会化的公益性和重要性虽然通过政府的宣传得以体现,但是很多教育的财政经费却非常有限。很多民办学校缺乏科学化的管理和监督,在生源不足的时候,有可能打着所谓贵族化的发展旗号,但实际上没有很好的办学资质。市场经济的发展并不代表要盲目地迎合市场的发展,学生身心健康的发展需求如果没有得到满足,反而会使得教育体系和教育规范显得更为肤浅。[①]

---

① 王彩凤.市场经济背景下推进幼儿教育社会化问题研究——以河南省为例[J].河南社会科学,2013,21(06).

（3）我国在教育市场化改革中面临的问题

近年来,教育市场化进展不如人意,过度的市场化带来了一系列的问题,首先是城乡受教育机会的不均衡,其次是不公正,它是由各种特殊招生手段造成的不公——也往往和"教育腐败"相挂钩。这两点都与市场化最关键的元素——"金钱"有着莫大的关系。

不平等的教育拉大了阶级鸿沟,无疑给寒门子弟升学提高了门槛,给升学增加了障碍。教育本应是促进社会公正的有力工具,让每个公民,无论贫富,都有改善自身命运的愿景。但是市场力量的深度介入导致学校越来越趋向功利化,学校教育的过度商业化导致教育管理者的目标发生异化,教育的光芒变得暗淡,失去了传统价值体系赋予它的道德活力,反而加剧了阶级分化。那些掌握教育资源的人倾向于让自己的子女进入名校和重点学校,从而加剧了"富人支持富人,富人削弱富人"的趋势。公民在教育资源占有上的不平等是社会合理流动的最大障碍之一,这造成了公民在个人技能、劳动力资源等方面的不平等,近些年来重点院校农村学生的比例越来越小就是明证。

（4）政府教育公共服务供给与需求

目前,公共教育服务的供给矛盾已不再表现为供给不足,而主要表现为供给之间的结构性失衡。这一现象在我国的公共教育服务中体现在:在基础教育服务日益完善的同时,消费者对高质量、有针对性、专业化教育服务的需求日益增长,但公共教育资源在不同地区、不同群体之间的分配不均衡,导致一些地方和群体的教育资源处于劣势,而另外一些地方和群体则处于优势。愿意为优质教育服务买单的学生和家长们都想得到教育方面的优质服务,如果我们能不断创新教育服务模式,提高教育服务质量,就能更好地满足人民群众对优质教育服务的需求,进一步扩大内需,教育服务消费将成为突破口。

当前,区域义务教育和中等教育发展不平衡、不充分的问题依然存在。特别是在人口流入集中的地区,仍然存在学位供给不足、优质教育发展不平衡的问题。随着大量人口尤其是流动人口子女向城镇地区流动,这些地区的教育服务供给难以满足日益增长的需求,供需不匹配问题更加突出。而在山区,随着社会发展进步的大潮以及城镇一体化进程的发展,越来越多在山区的青年选择离开山区到城镇打工。其中经济实力相对薄弱的家庭会将孩子留在山区家中,将教育的问题交由爷爷奶奶等长辈解决,这也导致了乡村中留守儿童教育难的问题。并且山区学校往往学生数量较少,学校难以组织足够的教学活动,教师需要一人教授多门科目,这也进一步影响了山区儿童接受基础教育的质量。

二、"解富安贫":山区教育公平的现实困惑

(一)山区教育公平举措探析

1. 撤点并校

"撤点并校"指的是 20 世纪 90 年代末已经存在、2001 年正式开始的一场对全国农村山区小学重新布局的"教育改革"。具体地说，改革开放以来，随着计划生育政策的深化和城镇化进程的加快，农村义务教育适龄人口减少，涌现出一大批规模小、生源少、条件差、质量低的"麻雀学校"。这种学校的存在与教育领域倡导的平衡发展和提高效率的理念是不相容的。因此，2001 年 5 月颁布的《国务院关于基础教育改革与发展的决定》指出[①]，要因地制宜调整农村义务教育学校布局。而"撤点并校"就是大量撤销农村山区的中小学，使学生集中到小部分城镇学校。浙江省各级各类学校的数量也因此大幅度下降，特别是小学数量下降明显。(见图 2-1)。

这项措施的初衷是优化农村和山区教育资源配置，全面提高中

---

① 李国银.豫东城乡义务教育资源配置不均衡现象研究——以商丘市为例[J].河南教育(中旬),2012(09).

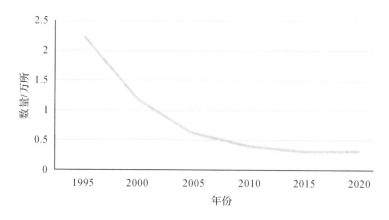

图 2-1　1995—2020 年浙江省小学数量

（数据来源：《浙江统计年鉴 2021》）

小学教育投资效率和教育质量,促进农村山区基础教育健康可持续发展。这个措施实施之后的确解决了一系列上述的问题,从孩子的角度来说,他们可以享受优质教育资源,全面开设课程,音、体、美有专职教师授课,让山区孩子能够得到全面发展,学校规模更大,软硬件设施更加完善;从教师的角度来说,撤点并校之后,可以专职专教,提高了教师自身的专业水平,加快教师成长,不会出现一人多科多班现象。减轻教师工作量,提高教学质量。该措施的初衷是好的,"撤点并校"带来了许多优点,但与此同时也有以下不足之处:

（1）家庭教育支出增加

东北师范大学农村教育研究所对全国 8 个县 77 个乡镇进行调查,发现"撤点并校"后,有将近 59％的小学生从家到学校的距离变远了,平均距离增加了 9.19 千米。（见图 2-2）

撤点并校,减少的学校数量大多集中在农村等偏远的地方,而新校区往往会选择在经济比较发达、交通便利的城镇,因此大部分偏远乡村的学生只能去城镇学校就读。学校距离的增加,导致一部分山区学生上学时交通出行成了问题,而解决的办法是专车接送或者寄宿。交通和寄宿成本的增加等,都加重了农村山区家庭的经济负担。①

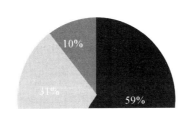

■ 距离变远　距离未变　■ 距离变近

图 2-2 "撤点并校"后,家与学校的距离变化

(数据来源:东北师范大学农村教育研究所《中国农村教育发展报告 2020—2022》)

(2)学生安全问题严峻

首先是在校学生的安全问题。随着汽车的普及,我国交通事故发生的概率也逐年上升,学生上下学的交通安全成为一个大问题,如前段所述,撤点并校实施后,大部分农村学生家到学校的距离远了,部分学生上学需要专车接送或者校车接送。在公路上不管是步行还是坐车,如果没有家长的陪同,孩子对于交通安全方面的知识掌握又不够,那么发生交通安全事故的可能性将大大增加,而车辆的质量差和超载、超速等问题,进一步对学生的安全造成威胁。另外,校内的

---

① 李山岭.浅析撤点并校对农村基础教育的负面影响[J].读与写(上,下旬),2013
(14).

住校生也依旧存在着住宿安全问题。撤点并校后,更多的学生被迫选择住校,给学校的住宿条件和住宿管理带来了更大压力。虽然现如今大多数乡镇学校会为每个班级配备生活教师,寝室楼里还配有专门的宿管阿姨,但大部分生活老师其实是学生班里的任课老师,放学下班后无法顾及班内住校生的住宿问题,宿管阿姨的受教育水平一般较低,且要管理的学生众多,因此在面对住校生各种安全、心理等问题时可能无法做出及时或正确的反馈,住校生的住宿安全问题容易被忽视。一些学校的各种日常生活配套设施仍有待改善和翻新,住校生需要经常购买一些生活必需品,而这也使得学校的管理难度加大。①

其次是学生的心理健康问题。义务教育阶段的学生正处于青少年时期,心智的发育并不完全,容易受到环境的影响。在校住宿的学生与自身父母接触的时间较少,大都只能通过电话联系,父母对孩子教育的参与度大幅度降低,许多学生由于远离父母,长期缺少家庭的关心与关爱,衍生了许多心理问题。学生在寄宿生活中还容易引发较为严重的校园暴力等问题,施暴者会给受暴者带来身体和心理上的痛苦,长期被欺负的人会出现失眠、烦躁等问题,对日常生活造成严重困扰;施暴者的行为对被施暴者也是一种很大的心理压力,他们会因此产生自我否定、消极情绪、悲观厌世等心理问题。

(3)农村遗留校舍废弃

近年来,农村中小学布局调整对农村教育的发展起到了积极的

---

① 阴晨雪.撤点并校对农村教育发展的影响——以铜川市寺沟镇为例[J].中国教育技术装备,2015(06).

推动作用。从 2003 年至 2005 年,全国实施了一次大规模的"撤点并校"工程,撤销了大量农村中小学,从 2004 年起至 2007 年,又实行了第二次"撤点并校"工程。但是,农村中小学布局调整也带来了一系列问题。其中之一就是农村中小学校舍空置率不断升高。据教育部公布数据,2022 年,全国共有普通小学 14.91 万所,而 2012 年我国共有普通小学 22.86 万所,相比 2012 年,2022 年我国小学数量减少7.95 万所,同时我国城市小学生人数逐年增加,农村小学生在校人数逐渐减少。

撤点并校并不意味着农村山区学校的校舍完全消失,国家统计局的调查显示,在撤点并校进程中,山区学校的数量减少了近一半,有大量的校舍被闲置,未得到充分的利用。随着城镇化进程的加快,城乡教育资源在投入数量和质量上存在较大的差异,农村地区人口不断减少,校舍得不到充分利用,会造成校舍及土地资源的荒废。一些校舍因为年久失修而废弃,有的甚至变成了"空房子"。这样的闲置现象很容易导致学校校舍资源的浪费、教育资源的不合理配置以及教育资源的不合理利用等问题。

(4)城市学校畏惧农村学生涌入

在"撤点并校"实施的过程中,一系列"尴尬"在公众面前暴露出来,一部分城市学校的校长或领导害怕农村学生的涌入。第一,农村学生的不断到来,导致城市学校的学生规模不断扩大,学校不得不超负荷运行,既有的教育资源无法满足学生的教育需求,从而导致学校教育责任向外溢出。^① 第二,不少农村学生学习基础薄弱,进入城市学校后,往往跟不上学校的教学进度,增加了城市学校的教学负担。第三,许多农村学生的家长在外打拼,常常无法照顾孩子的生活与学习,因此,这些孩子即使在城市学校接受更好的教育,成绩也往往不够理想。

2. 县管校聘

随着国家教育体制改革的深入,"县管校聘"成为目前我国教育体制改革的一项重要内容。2014 年教育部等三部门印发《关于推进县(区)域内义务教育学校校长教师交流轮岗的意见》,明确指出:推进义务教育学校校长教师交流轮岗。建立区域内义务教育学校校长教师交流轮岗制度,重点推进城镇优秀校长和骨干教师向乡村小规模学校、乡镇寄宿制学校和乡镇薄弱学校流动,促进教育资源均衡配置。^② 交流轮岗要充分考虑城乡、区域、学校类型、岗位设置等差异,统筹推进交流轮岗工作。义务教育学校校长教师交流轮岗制度,是指具有相应任职资格的公办义务教育学校校长和教师,全部由政府通过公开招聘等方式统一管理,在同一县域内的公办义务教育学校或普惠性民办幼儿园进行交流轮岗,使教师和校长从过去某所学校的"学校人"变成县义务教育系统的"制度人"。^③ 而后,2016 年《国务

---

① 雷望红,谢小芹.城镇化背景下城乡义务教育一体化的第三条道路[J].教育发展研究,2023,43(12).

② 贾晓明.县域中小学基础教育集团化办学模式研究——以 S 市 Z 县为例[D].石家庄:河北师范大学,2022.

③ 罗旺,吕蕊,孙帅,等.重庆市乡村城镇化过程中的问题及对策[J].中小企业管理与科技,2015(06).

院关于统筹推进县域内城乡义务教育一体化改革发展的若干意见》、2018 年《中共中央　国务院关于全面深化新时代教师队伍建设改革的意见》,2020 年《中共中央　国务院关于抓好"三农"领域重点工作确保如期实现全面小康的意见》和 2021 年第十三届全国人大四次会议表决通过《中华人民共和国国民经济和社会发展第十三个五年规划和 2035 年远景目标纲要》,都对推进义务教育教师"县管校聘"管理改革提出了指导意见,并在一些地方进行改革示范。

义务教育"县管校聘"改革的主要目的是打破公办学校和民办学校之间的身份界限,推动义务教育学校校长、教师的城乡合理流动,整合教师资源,提高教师编制使用效益,合理分配师资,促进教育公平和教育均衡发展。如此看来,县管校聘政策在一定程度上能够增加学校用人的自主权,也为教师的流动提供了大量机会与平台,还可以合理调整教师队伍结构,优化教师资源配置,从而促使教学质量的提升。① 但是在这些年的操作之下,其中的弊端也在不断显现出来。

(1)教师积极性不高,归属感较低

县管校聘的实施,虽然成了促进教师流动的一大政策,但是同时也衍生一些问题。事实上,据我们调查,县管校聘政策无论在细则制定还是在具体实施项目中,教师的参与度很低。除此之外,在一些教师看来,参与教师流动的活动,给自己的生活带来不利的影响,如两地分居、上下班不便和子女无法照顾等等。再加上大部分县管校聘相关文件并没有对教师的激励保障机制做出具体规定,自身的工资、

---

① 范文卿.县管校聘教师流动政策的实施困境与破解路径[J].教学与管理(中学版),2020(01).

福利待遇也可能得不到相应的保障,如此下来,教师的积极性自然无法激发。

县管校聘政策的实施使得教师管理的班级、学生不再固定,"无校籍的管理"使交流教师心中的职业归属感与稳定感大大下降。过去,在传统教师管理制度之下,教师一直是在某所固定的学校工作,将自己视为该校的一部分。县管校聘进行的教师流动使交流教师的编制从学校脱离出来,教师与学校的关系将以签合同的方式进行,以确定教师在校执教年限及教学内容等,而这意味着长达数十年之久的教师铁饭碗时代将由此被打破,无疑降低了教师的归属感,阻碍了教师的专业发展,并削弱了学校的核心竞争力。①

(2)进一步加剧城乡教育发展不均衡

如前文所述,县管校聘的目的是强校帮扶弱校,实现教育均衡化。但事实上,相比农村弱校,城市强校从工资福利待遇、生活环境、职业发展到社会地位都要好得多,对教师也有吸引力,教师交流更愿意到生活水平更高、基础设施条件更完善的城市。

实施县管校聘后,教师从某所学校的"学校人"变成县义务教育系统的"制度人",工作自由度大为增加,他们可以选择县域内任何一所心仪的学校参与竞聘。于是,不少优秀农村教师以此为契机到城市学校进行"竞聘",成为城市教师,而愿意反向流动到农村学校的城市教师却很少,教师的单向流动加重了农村学校教师短缺,加剧了城乡资源配置不平衡,使政策走向了它的反面。

---

① 教师"县管校用"能否促进教育公平?[N].四川日报,2011-10-31(09).

（3）加大了政策执行者的道德风险

为了提高"县管校聘"政策实施的效率,教育部门将"校聘"的权力下放给学校,赋予学校管理者很大的自主选择权。但是教育部门的立场跟学校的立场其实是有冲突的,部分学校管理者出于本校利益的考虑,会选择隐藏自己的专业素质高的优秀教师,而把年纪大或者是专业素质低的教师流动出去。同时过于集中的权力容易滋长政策执行者的官僚气息,在"校聘"过程中难免出现徇私等腐败现象,导致"内定""贪污"等等。

县管校聘的政策中,有一条就是鼓励教师去农村支教,并在职称评定上进行倾斜。政策的目的自不必说,但是我们调查发现,有教师不愿意下乡支教,为了评职称而伪造下乡支教履历,甚至出现腐败问题。有的教师迫于考核要求去了偏远地区支教,但他们去了之后工作不积极,并没有发挥应有的作用。所以这一政策并没有从根本上解决教师职称评聘问题,反而对那些真正想要在一线教学的老师不公平。

（4）教师与管理者存在认知相悖,影响实施

对于教育管理者来说,推行县管校聘的核心是通过教师管理体制的变革,打破教师流动的政策壁垒,促进教师人力资源的科学调配,实现以优带差,从师资和培训等方面帮助弱校提升教学质量,打造优秀的教师队伍,最终实现城乡教育均衡,促进教育公平,这也是实施县管校聘政策的初衷。但对教师个体来说,通常更关注自身发展的需求,在县管校聘过程中从教师参与、聘用、退出到激励都有相应的机制,并要进行相关的考核。而他们会更希望自己能始终在一个优质的平台上获得各方面充分的发展,以满足工作、生活等不同层

次的需求。因此,在实施过程中,可能会出现教师整体认识滞后导致的教育均衡与教师个体发展需求的矛盾。[①] 此外,部分教师在城乡交流中缺乏责任意识,在交流环节中,会有部分教师把交流当作制度的安排。

3. 职称引导

随着社会的发展、时代的变迁,我国积极实施乡村振兴战略,努力落实党的十九大精神,争取打赢脱贫攻坚战,实现大范围的教育现代化。[②] 想要振兴乡村教育,乡村教师队伍的建设是关键。近年来,我国紧随时代主题,实施了一系列改善乡村教师职称问题的政策,在一定范围和程度上得到了政策倾斜性的改进,在激发教师工作积极性、提升教师队伍稳定性方面发挥了积极的作用。但对乡村教师职称上的引导也导致了一系列问题的产生。

(1)职称评聘的引导作用"变味"

职称的评聘原本只是对教师各项教育教学水平的量化和肯定[③],是优秀教师的荣誉,但近年来,这份"荣誉"身上多了一股"利益味"。有些教师为了获取相应的职称会动用一些手段,甚至会踩着别人的肩膀摘树上的"桃子",更有甚者会托关系用请客送礼等方式换

---

① 李松.县管校聘教师管理体制存在的问题及优化[J].教学与管理,2016(36).

② 庞丽娟,杨小敏,金志峰.乡村教师职称评聘的困境、影响与政策应对[J].教师教育研究,2019,31(01).

③ 宋长英,林凡瑞.警惕职称评聘对教师产生的负面影响[J].河北教育(综合版),2017,55(11).

职称①。这一系列的"暗箱操作"，无一不增加了教师间的竞争内耗，降低了教师对教学本身的关注度。

一位乡村教师曾抱怨道，国家对乡村教师的职称评聘有一定的引导倾斜，导致许多乡村教师的初心发生了改变，同事之间的融洽度也降低了，大家都想在该政策下获取一些"好处"。职称引导加剧了教师之间的竞争，把教师分成了三六九等，更拉开了教师之间的"精神距离"，使职称评聘成为一大负担。

（2）职称评定造成工作倦怠

在职称引导的机制之下，获得职称成为许多教师的工作目标，教育目标不再是教书育人，教育目标的异化导致一部分教师工作重心的转移，每天忙着参加教学比赛和发表论文，教学水平的提高被摆到了次要地位。而且评聘成功的教师虽然大部分会在往后的工作中更加努力、更加出色，但也有部分教师把职称当作摆资格的资本，在教学工作中从此逍遥自在，失去了评聘职称的本心。而这样的现象，也使得那些没有获得职称引导资格的教师产生了不平衡的心理，他们明面选择"躺平"，实则内心对此已经悲观失望，甚至丧失责任心、进取心，产生了心理倦怠。用职称对教师进行分类的社会认知会在一定程度上阻碍教师的发展，而职称引导便加剧了问题的产生。

（3）学校管理者对职称评定"一把抓"

在一些乡村学校当中，存在学校管理者对职称评定"一把抓"的情况，职称评定名额由校长等学校管理者直接推荐。在这种情况下，

---

① 宋长英，林凡瑞.警惕职称评聘对教师产生的负面影响[J].河北教育（综合版），2017，55（11）.

校长推荐成为乡村教师评聘的关键环节,甚至在部分乡村学校,校长直接掌握着乡村教师职称评聘的"生杀大权"。[①] 这样的评定方式既不真实客观,又会存在不公平、不公正的现象。一位教师的工作能力,既应该从领导角度看,由管理者给出专业的评定;又应该从家长角度看,由家长给出另一角度的反馈;更要从学生的角度看,由学生做出真实、直接的课堂评价等等。应该综合学校管理者的推荐,学生、家长的反馈,以及监管机构、社会各界的监督来评定教师,这样多元一体的评价方式才可以真正反映出一位老师的能力水平。

(4)城乡教师职称总体结构不均衡

我国城乡教育发展不均衡,农村获得的教育资源相对少,而这一现象在职称评定中也存在。[②] 不知从何时开始,职称评定成为乡村教师去城镇学校的跳板。一些优秀教师获得较高的职称之后选择调往城镇学校工作,对于教师来说,这是一件好事,是提升个人发展的良好学习机会,是自身优秀能力的证明,能够去环境更好的学校进行教育教学工作。但对于乡村地区而言,则是一次又一次地失去优秀的师资力量,导致城乡教师职称整体结构不均衡,城镇学校高级教师数量远远高于乡村学校高级教师的数量。教育资源的倾斜化、城乡教师结构的不均衡,对于乡村地区基础教育事业的发展来说是极大的阻碍,甚至有可能影响乡村振兴事业的发展。

---

① 王晓桐.乡村教师职称评聘的现实藩篱及路径研究[J].农村经济与科技,2021,32(15).

② 马国徽.农村小学教师职称评定问题及改进策略——以 G 镇为例[D].长春:东北师范大学,2017.

(5)中小学教师职称评定存在不足

目前中小学教师管理制度并不完善,我国近年来一直在探索中小学教师的职称制度改革,努力提升中小学教师地位和待遇。在中小学教师当中,高级职称的名额较少,职称评定存在着困难。为了改正这一不足,我们需要在中小学中深入研究高级教师职务的合理设置,使教师职称结构更加合理,鼓励优秀教师长期、终身从教。

(6)职称评定缺少对乡村教师的特殊考虑

大部分乡村学校的职称评定条件与城镇小学是一样的,以评定教师的工作业绩和成就为主,而不是光凭教师的教学能力和知识水平,较少考虑乡村学校的特点。以小学职称评定为例,目前小学职称评定主要考核教育管理学生工作、教育教学专业知识、教育教学研究、指导年轻教师和学历等六个方面。[1] 乡村教师由于自身、学生和教学环境等的特殊性,在职称评定方面,与城镇教师相比都存在着许多劣势,他们的工作业绩很难直接展示出他们的教育教学能力和知识水平。

4. 定向师范生

"定向师范生",是指定向培养本县市区的应届高中毕业生,政府给予定向师范生一定的优惠政策,定向师范生志愿从事乡村地区教育事业,毕业后要按照签订的协议到户籍所在地的相应乡村学校任教。目前,国家大力推行"定向师范生"政策,重视高校对定向师范生的精准培养,致力于培养出能够推动乡村地区教育事业发展的师资

---

[1] 马国徽.农村小学教师职称评定问题及改进策略——以 G 镇为例[D].长春:东北师范大学,2017.

团队。定向师范生是本土化乡村教师的后备资源,已成为乡村教育的重要力量。① 对于山区来说,"定向师范生"本该是一项促进当地教育发展、师资引进的举措,但在实施过程中出现了以下几个问题。

(1)部分定向师范生对教师职业定位模糊

调查发现,存在这样少部分定向师范生,他们对教师职业目标并没有那么明确,在这一部分师范生当中,有些是为了减轻自己毕业后的就业压力,能够有一份相对稳定的工作,才选择走定向师范生的道路,有些是受家庭或家人的影响而选择走这条道路。因此,这部分定向师范生相比于那些因为热爱而选择师范专业的学生而言,在学习师范专业的初期或工作初期,可能会存在对教师职业定位的认识不够清晰的问题,从而导致初期的学习或工作不能尽如人意,影响学习或教育的效果。不过定位模糊的问题,可能会随着时间的增长而逐渐解决。

(2)部分定向师范生综合素质偏低

由调查结果可知,一部分定向师范生存在安于现状或不满现状的问题,可能会导致他们的学习主动性下降,缺乏学习动力,在具体的学习中学习积极性不高,从而影响他们专业理论知识和专业技能知识的学习与掌握。因此可能存在部分定向师范生综合素质偏低的情况,甚至出现教学知识、技能以及教学设计能力不高的现象,不利于山区教育教学水平的发展与提高。②

---

① 周险峰,郑玉婷,赵梦怡.乡村振兴背景下公费定向师范生研究的回顾与反思[J].商丘职业技术学院学报,2023,22(03).

② 张晓宇.探讨农村公费定向师范生核心素养培养的价值与现实意义[J].现代职业教育,2018(22).

（3）高校缺乏乡村地区教育的实践学习体系

在目前各级各类师范院校当中，针对乡村地区教育的理论知识在许多课程中都略有涉及，但相关实践课程的开设却很少，这使定向师范生失去了理论与实践相结合的学习平台，他们无法将学到的理论知识应用于实践当中，无法真正掌握这些知识。对于定向师范生而言，没有机会在正式工作前真正地走进乡村去切身感受乡村教育，缺少"乡土知识"的学习，也就很难体会到乡村教育的重大意义，这会极大地影响他们的学习效果和心态。与此同时，他们的学习内容和形式与普通师范生基本相同，一般的师范生培养机制缺少了对乡村地区教育的针对性，可能会导致他们入职后发展不畅，一时难以适应乡村教育环境。由此可见，乡村教育实践学习体系的缺乏不利于"定向师范"政策的实施，也不利于定向师范生能力的培养。

（4）高校轻视对定向师范生乡土情怀的培养

目前，师范类高校并不重视"定向师范"的乡土情怀教育，在各院校开设的课程中，几乎没有涉及培养定向师范生乡土情怀的教育内容。而让定向师范生自愿为家乡基础教育事业服务，尽力做好乡村教育工作，就需要他们对乡土文化具有较高层次的认同感，心怀对故土文化的认可与喜爱。[①] 拥有乡土情怀的教师才能真正地做到爱乡村、爱孩子、爱基础教育，才能最大限度地发挥乡村教育和"定向师范生"的意义。高校做好乡土情怀教育，可以最大限度地帮助一些乡村地区解决"教不好"和"留不住"等现象。

---

① 周险峰,郑玉婷,赵梦怡.乡村振兴背景下公费定向师范研究的回顾与反思[J].商丘职业技术学院学报,2023,22(03).

(5)大学社会化过程不利于培养乡村教师的乡土情感

我国高校的社会地理空间布局具有典型的城市化倾向,定向培养乡村教师的各类高校,大多集中在城市。[①] 大学生活的自由化不利于乡村教师安心扎根乡村发展基础教育,而大学生活的社会化,则会使定向师范生习惯城市的便利生活,不愿意回到乡村工作,会淡化他们的乡土情怀。师范生在大学期间的社会交往规则的城市化社会化倾向,会深刻影响他们的行为价值和行动逻辑等,这些与乡村地区的不同,最终影响定向师范生乡村教育情感和教育思维等的培养。总之,大学社会化过程不利于定向师范生乡土情感的培养,在大学中的经历,可能会影响他们选择这一职业的初衷,可能改变选择。

(6)乡村教育环境不能满足教育需求

第一,由于乡村地区经济发展相对落后,乡村学校物质环境与城镇学校物质环境有较大差距,许多教学辅助工具和教育资源缺失,难以满足教师的基本教学和生活需求。[②] 即使国家根据"定向师范生"政策已经培养出了专业的乡村教师团队,但物资的缺乏会影响教学效果。第二,在一些落后的乡村地区中,大部分父母外出务工,孩子成了留守儿童。而在孩子的成长过程中如果父母缺席了很长一段时间,会形成家庭教育的缺失,导致他们养成不良的行为习惯,甚至出现不尊重教师的行为,这些行为可能会影响教师的教学心态和执教欲望,间接导致乡村教师的教育需求不能被满足。

---

① 姜超.乡村教师定向培养政策:价值、前提与风险[J].四川师范大学学报(社会科学版),2022,49(03).

② 程敏.乡村振兴背景下定向师范生培养机制研究[J].黄冈师范学院学报,2023,43(02).

5．限流禁流

"限流禁流"是一些地区为了防止优质师资过度流失出台的一项政策。例如,2022 年 10 月 31 日,陕西省教育厅联合省九部门联合印发《陕西省"十四五"县域普通高中发展提升行动计划》,该计划提出,陕西省将对县中校长教师的专业水平进行提升,促进优秀人才的合理流动,严禁县中教师违规流动,防止县中优秀人才流失等,而这样限制教师流动的政策也在一定程度上引发了相关问题的产生。

(1)阻碍教师流入山区

近年来,伴随着我国教育事业的不断改革与发展,教师的流动已经成了不争的事实,原本教师的流动可以促使部分优秀教师去山区一些教育水平相对薄弱的学校,均衡教育资源,让山区的孩子也能接受到优质的教育,同时也可以减弱城镇的"学区房效应",减轻家庭负担,让那些优秀的教师通过此途径带动山区的学校更好地发展。而"限流禁流"政策则在一定程度上使"教师流动"的这些积极意义无法得到充分实现,阻碍了山区更多教师的流入以及山区学校更好地发展。

据中国教育统计年鉴数据,2021 年乡村教师总人数较 2016 年减少约 32 万。乡村教师流失和不合理的流动造成乡村教师队伍的不稳定,产生教师结构的新问题,严重掣肘乡村教育质量提升,新时代背景下乡村教师流动的问题仍值得关注并研究。①

---

① 李萍.近 20 年我国乡村教师流动研究的脉络、热点及趋势[J].继续教育研究,2023(07).

（2）不利于教师自身素养的提高

社会的发展、国家的进步都离不开教师对受教育者的栽培，教师教学若失去了应有的教学质量，那么教育就失去了所谓的"价值功效"，也难以培养出来优秀的下一代人才。近年来，我国教师的整体综合素质虽有大幅度提升，但仍采取应试教育的教法，教师的教育思想观念也较为落后，缺乏对素质教育及学生学情的正确认知。① 由此看来，注重和加强教师自身综合素质势在必行。

一般来说，教师想要提升自身素养的途径有参加培训、阅读、从别的优质教师身上获取实践经验等。在这些途径当中，从别的优质教师身上获取教学经验的方法能更直接、更有效地促进教师自身的发展。这些优质教师不但教学经验丰富，而且业务精湛、师德高尚、敬业爱生，通过交流学习，发挥优质教师的辐射效应，能有效促进全体教师的专业成长。而"限流禁流"中"限""禁"的对象主要为教师，尤其是优质教师。教师的流动受到阻碍，那么教师之间的教学交流也会因此受到阻碍，教师之间就无法得到充分交流与学习，这在一定程度上也不利于实现区域间优质教学资源的共享，山区教师想要提升自身的素养愈加困难。

（3）限制优秀教师人才的职业发展

该政策"限流"的教师主要为县中的优秀教师，他们大多其实也是乡村教师。他们对农村教育情况有着深刻的了解，他们的价值观念、工作态度和能力、职业素养等对乡村教育的发展有着非常重要的

---

① 雷蕴.提高教师自身素养是落实素质教育的关键[J].医学理论与实践,2001(11).

作用。近年来,乡村教师这个群体依旧面临着文化冲突、职业倦怠、发展机会缺乏、身份认同危机、文化责任意识淡薄等问题的困扰。究其原因,除了历史上长期且不均衡的投入造成的乡村教育的困境和落后之外,还在于乡村教师在社会承认层面上面临的窘境导致的职业发展动力不足①。

那么"限流禁流"政策通过强制性规定,将这些县中的优秀教师"禁锢"在当地,将他们向往更好的教育平台的梦想击碎,即便部分教师已经具备岗位流动的各项条件,但依旧只能服从于制度的安排,这在一定程度上可能反而会增加这类教师对自身职业的厌倦及无助感,他们会失去对教育的信念感,逐渐变得不上进、不负责;向下流动到山区进行支教的动力也同时失去了。此外,该政策还使这类教师的发展机会更加缺乏,限制其自身的职业发展。

6. 师资流转

近年来,我国为了促进乡村教育发展,实施了师资流转政策,旨在推动区域、城乡之间教师的交流,促进教学经验、教学理念等的融合与创新,推动城市教师流转至乡村学校进行指导和帮扶,而乡村教师流转至城市学校进行学习交流深造。例如,嘉兴市海盐县建立中小学校长、教师定期轮岗交流制度,实现教师资源"全域流转"。按照在一所学校连续任教满 12 年教师总数 10% 的比例组织中小学教师开展轮岗交流,积极倡导名优校长、教师到农村薄弱学校任教,同时通过"定量分配"组织一批农村学校教师到城镇学校交流学习。以教

---

① 张丹丹.乡村振兴背景下乡村教师职业发展愿景与路径研究[D].阜阳:阜阳师范大学,2022.

师发展效益为导向,积极鼓励城镇教师到农村中小学轮岗交流,比如在职称评定上要求必须有 1 年以上农村支教经历的教师才能晋升职称,在待遇保障上严格落实农村教师任教津贴和农村特岗津贴,城镇教师在农村学校交流期间,享受各项农村教师津贴。近 5 年,全县共有 226 名教师、校长从城镇学校轮岗交流或组织调动至农村学校,占流动人数的 24.5%,有效打通了校际"师资壁垒"①。不仅如此,海盐县还构建了"学校发展共同体",利用"客座教师"实现教师资源共享,这一系列师资流转措施提升了海盐县乡村教师的教学水平和教学理念,提升了其业务水平,实现了城乡教师共磨一节课,加速乡村教师的成长,可谓是实现城乡教育共富具有良好效果的一大措施。

虽然师资在城乡之间的流转有助于乡村教师知识的积累、理念的创新,有利于乡村教师的成长,但是教师的流动也在某些方面滋生出了一些新问题。

(1)不利于学生的心理成长

从学生的角度来看,师资流动一定程度上会影响孩子与老师之间的感情积累。孩子是一张白纸,尤其是中小学阶段的孩子,他们年龄都还比较小,心智还不成熟,需要在日常生活中逐渐培养感情,而在日常的学习生活中他们与老师逐渐建立起朋友般的感情联系,是他们心理成长的重要组成部分。事实上孩子在学校的时间比在家里的时间还要长,如果频繁地流动教师,那么新流转来的教师对自己新接手班级的孩子根本不熟悉,并且从城市流转来的老师对当地的情

---

① 浙江省教育厅.海盐:构建"橄榄型"师资发展模型推进城乡教育"共同富裕".[DB/OL]. 2021-12-24. https://jyt.zj.gov.cn/art/2021/12/24/art_1543974_58918531.html 查询时间 2022 年 8 月 10 日。

况缺少了解，与学生之间难免会存在一定的距离感，孩子内心对于这些不时就会更换的新老师缺失安全感与信任感。这种信任感和亲密感一旦被破坏，要重新建立需要新教师花费更长的时间、付出更多的心力，在此期间一些孩子在学校里会变得无助、不自信，甚至会出现焦躁、抑郁等消极情绪，不利于孩子心理的健康成长。这也是为什么在我们现有的班级教学模式当中，一个班级需要有一个班主任，而班主任若非特殊原因需要更换的，基本上都是将这个班级的学生从一年级带到六年级毕业。

（2）不利于当地学校教育理念的稳固与形成

对一个人来说，有理念才有信仰，有信仰才有目标，有目标才能成功；对一所学校来说，有明确、统一、可行的教育理念才有优异的办学成绩。学校教育理念的形成与教师教学经验的积累、个体教学理念的形成有着紧密的联系。虽然教师的流动一定范围内促进了教师间的经验交流，提升了教师的知识水平，融会贯通了各种教学理念，但是不同的学校有着不同的办学特点，比如 A 学校的学科成绩如语、数、英等的总分或者平均分比较一般，但是该校在校本课程以及其他各类创新课程、课外课程方面的设计理念比较顶尖；而 B 学校在主科语、数、英方面比较顶尖，那么 B 学校的教师可能在这方面的教学经验以及理念比较创新，适合该阶段的学习。A 学校的教师可能在开发课程方面的理念比较具有优势，那么如果 B 学校的教师流岗到 A 学校，没有办法保证能够帮助 A 学校提升成绩，但是可以肯定的是，A 学校的开发课程方面的理念将会受到一定的冲击。

所以教师的流动也极有可能会造成教学理念形成与传递的断层。教育理念的形成、建立、发挥与升华并不是一件简单的、通过经验交流就可实现的事情,师资流动在一定程度上并不利于当地学校教育理念的稳固与形成。

(3)不利于家校之间的长期稳定沟通

家庭教育对孩子各方面的成长有着不可替代的作用,学校和家庭之间的沟通对孩子的教育作用也是越来越重要,如果学校和家庭之间保持着长期有效的沟通,使两方面的教育逐渐结合,那么教育的成效将达到最佳。① 而师资的流动会对友好家校关系的建立造成一定的影响,频繁更换教师不利于家长与教师保持良好的、持续沟通的状态,前文也提到,教师需要对学生的家庭情况以及其他情况进行一定的了解,这样才能够有效地教育孩子,与孩子形成良好的师生关系,才能够更好地亲近孩子,而轮换教师,无论新来的教师在教学方面多么具有方法,知识多么丰富,老教师与孩子以及孩子们的家庭之间形成的长久关系是这些能力、知识储备无法替代的。轮岗来的新教师如果对学生情况不了解,那么他就需要重新"走"一遍原来那位老教师的路子,花费时间了解学生的家庭以及其他情况,这就导致无法在短期内做到熟练且顺利地与其家庭、家长进行沟通。长期下来,不仅家长会对不停地与教师进行沟通来了解自家孩子在校的表现感到疲惫,教师也会出现工作压力大、对教学产生厌倦等情况。

---

① 焦昆,岳丹丹.家校沟通的有效性研究[J].内蒙古师范大学学报(教育科学版),2015,28(05).

（二）举措成效参差直接原因分析

1. 中小学教师生存处境的逆差没有改变

（1）城乡教师待遇差异

教育公平不仅是社会公平的重要体现，而且会促进社会公平的实现。导致山区教育公平措施没有取得应有成效的原因有很多，最关键的原因是城乡教师待遇差异问题没有解决。

一是由于城乡经济发展与政策推行的差距越来越大，城乡教师待遇差距也不断扩大，经济基础决定上层建筑，由此乡村教师的政治地位和社会地位均低于城镇教师。城乡经济发展不平衡，城市劳动力多，税收多，经济资源丰富，市属学校资金充足，教师福利待遇好。而农村本来资金就紧张，再加上需要用钱建设的方方面面比较多，导致农村教师工资收入、福利待遇方面同城镇教师存在较大差距。

二是由于城乡教师在工作环境和生活条件上的巨大差异。虽然近些年来国家关注农村教育问题，农村学校的条件有了很大改善，但是相比城市还是有很大的差距，尤其是在教师生活待遇上。不少学校教职工宿舍条件较差或者根本没有教职工宿舍，生活中要忍受各种不便，思想上缺少可以交流的对象，甚至在婚恋上也存在困难，这使得外来的乡村教师承受着更大的心理压力和生活压力。

（2）城乡师资力量差距

一是由于城乡教育资源配置不均衡和农村师资结构比例失衡等，虽然年轻教师比例上升，但乡村教师老龄化问题依然严峻，根据2022 年东北师范大学中国农村教育发展研究院《中国农村教育发展报告 2020—2022》发布数据，农村 55 岁以上教师占比为 8.8%，高出城区 5.5 个百分点，致使乡村学校师资出现问题。而城镇教师薪资水平高、福利待遇好、基础设施完备等，一大批人竞争上岗，从而出现了"农村缺老师、城市教师资源浪费""城市师资力量广博而乡村师资短缺"的局面。

二是由于户籍制度的改革和住房制度的变革，农村许多孩子可以到城市求学，再加上农村经济的不断发展，我国对于农村地区政策的倾斜，农村地区收入较高的家庭也可以到城市上学，农村地区生源数量逐渐减少①。如此一来，生源数量直接影响了教师队伍的数量，同城市相比，农村中小学教师队伍在数量和质量上都明显处于劣势，而且其总体素质仍有待提高。首先，从年龄结构看，乡村教师队伍呈现出"青黄不接"现象。以中青年教师为主，缺乏资深教师的经验和知识。其次，从学历结构看，乡村小学和初中的教师大多为本科学历。2022 年，农村义务教育本科以上学历教师达 76.01%。而城市初中、小学基本上是本科以上的学历，甚至还有一些博士生。其本质就是城乡教师结构严重失衡，农村中小学教师的整体素质难以适应时代发展需要。

---

① 严铖.我国城乡教育发展不平衡不充分问题及对策研究——以山西省为例[D].太原：山西师范大学，2019.

（3）教学资源存在差距

长期以来，我国城乡教育资源配置存在严重不均衡的现象，有限的教育投资，大部分被投放在基础较好的城市学校，而农村的教育支出大部分由当地自己负担。具体差距有如下几个方面：

一是教育设施与基础设备。我国经济社会发展不平衡，最直接的表现就是农村义务教育经费不足，教育资源相对匮乏。农村小学无论是教学设施还是教学和办公环境、教学仪器、图书材料，和城市相比差距明显。

二是教育活动和课外资源。在城市，学生可以通过各种途径获得更多的教育资源，比如参加各种课外活动、夏令营、培训班等等，而在农村，这些机会相对较少，学生的发展空间也就更加有限。农村的孩子很多是留守儿童，暑假只能在家天天看电视，或者三五成群地玩耍，没有任何课外活动和夏令营。

三是信息技术方面。农村学校信息素养存在的问题层出不穷。教师缺乏培养中学生信息素养的意识、信息知识水平参差不齐、信息技术与教育教学融合实践主动性不强、信息创新能力不足；学校信息化环境软硬件设施不完善，信息技术培训未能满足教师需求。

四是学校的支持体系。当前农村学校心理健康教育和特殊教育的现状不容乐观，主要表现在教育者培训交流过少、心理辅导不专业、部分师生也不具备良好的心理健康状态、学校硬件保障不到位、专业师资严重缺乏、培训交流活动过少、制度机制不健全等方面问题。所以，虽然我国近年来不断加大对农村教育发展的投入，但是农村教育依然是我国基础教育事业中投入最少、成效最小的领域。

2. 地方保护主义与竞争的桎梏

（1）深层次、多方面的地方保护主义

地方利益是根本原因。各地经济发展水平有很大差异，引发不同地方为实现自身利益最大化进行资本、人才等的竞争，还利用行政权力对当地学校、企业进行保护。再比如学校招生在招生指标分配过程中学校面临地方政府和居民的双重压力，地方保护主义滋生。

孩子上学遵循就近按片分学区，在户籍所在地就近入学，由此家长为了给孩子提供更好的教育资源，就会在重点小学附近买房，这也是学区房的成因，而农村孩子就只能上教育资源贫瘠的农村小学，学区房对于农村家长来说更是可望而不可即。

地方保护主义的表现是多方面的，维护本地学校和居民利益是根本驱动力。比如为了防止优质生源的流失，一些学校的校长和老师从各自的学校利益和招生任务出发，夸大本校的优势，或者贬低、隐瞒外地学校的情况。再比如某些地方的教育部门在招生资料上对外地学校的招生信息篇幅较少或不予登载，致使学生知情权和自我意愿缺失，只能在本地学校就读，间接封锁了优质生源的流转。

一些学校由于历史和政策等方面的原因，想要全面地招收各种生源仍有些困难。基于现实经济发展社会发展的不平衡性，城乡仍有一定差距，东西部地区差异大，教育资源分配不均衡，经济发达地区的学生留在本地的意愿会较强烈，一些学校更倾向于招收本地学生，本地学生在学生总体中占比较大。正是由于以上一系列复杂的原因，地方保护主义仍然存在。

（2）竞争化教育的桎梏

在中国应试教育的背景下，当今社会的教育具有很强烈的竞争色彩，学校争升学率，老师争成绩指标，学生争成绩。学校从校与校竞争的角度来理解教育，学生更是陷入了全面竞争、时时竞争的泥沼。

很多教育方面的效果不能量化，从而导致好像成绩是判定孩子是否优秀的唯一指标，只有成绩好才能进入名牌大学；随着升学率的提高，学校也会因此"水涨船高"。学生的思想品德素质教育、社会责任感教育和生活技能常识教育因无法考核，常常只是形式，学校也并不会花很长的时间和很多的精力于此，教育因此失去了初心和目的。从孩子的角度出发，这让孩子们早早就进入残酷的竞争，并且明白高分是靠各种各样的资源换来的，而乡村孩子所拥有的资源当然远远不及城镇孩子，并且各种成绩考核贯穿于各个时段各个单元，为了能赢在起跑线上，这些孩子时刻不能放松，时刻准备着，以至于大大挤压了休息时间，他们没有玩乐的时间，没有停下脚步去感受周围的世界的时间，更没有去研究自己感兴趣的东西的时间，他们的每一个成长阶段都变得规范化。从学校角度出发，为了升学率，当然愿意招收基础好并且拥有更多、更好资源的"优质生源"即城镇孩子，他们没有提供给每个孩子平等的入学机会，甚至存在有些学校为了升学率，会对可能考不上高中的学生进行思想工作，让他们放弃中考。

在竞争化教育的桎梏下，无论从学生、家长、学校还是社会的角度来说，大家都在重视"结果"，无论这个结果是成绩或是绩效，而忽视了最为重要的"过程"，也忽视了学生的个人意愿、人文色彩和心理特点。

（3）形式主义暗埋，实际落实缺失

①检查督察多，工作落实少。

党的十八大以来，我国教育督导在推动各类主体切实履行教育职责方面取得显著成效，但对照教育治理体系和治理能力现代化的要求，城乡间教育问题仍存在较大的差距。

随着教育改革的不断深入，教育部门和学校的常规检查和专项督导越来越多。除了实地调研和自查报告外，督察还需要进行各种查档案、原始材料和会议记录等工作。这使得基层管理教师不仅忙于日常教学和管理工作，还需要花费大量时间和精力来撰写自查报告、整理检查材料和提交检查档案。另外，近年来随着国家和社会向教育发展投入的资源和资金不断增多，为了更加合理优化资源配置，各类评选规范和程序也不断增加，使得基层教育管理者除了在资源和资金分配评选工作上做出大量工作之外，还需要在日后为了应对各级教育部门对以上资源和资金分配的检查与督查，花费很多时间和精力在整理资料和编写评选档案上。① 这种严格并且强调形式的审核和监督，随着教育资源的增加而不断增加，结果导致基层教师和管理者的工作重心逐渐偏离，逐渐远离教师本来肩负的"培养德才并重、教书育人"的使命。

而且，一些教育督导机构其实运转效率较低，既不能有效"督政"，督促政府履行好教育职责，也不能有效"督学"，指导学校遵循教育规律，不断提高教学质量，确保教育现代化稳步推进。各类参与教

---

① 谭洪涛,陈莉,邹高祥.浅析高校中形式主义、官僚主义表现及治理对策[J].公关世界,2021(02).

育督导的机构也往往各自为政,不能合理分工、相互配合、协调一致开展工作,致使教育督导的效能大打折扣。

②文山会海多,措施落实少。

学校作为学生思想教育和传授专业知识的地方,与政府和机关事业单位相比,会务和工作部署较少。然而,近年来对师生精神文明建设工作的重视度不断提高,导致各种理论学习会议和非业务工作部署会议增多。虽然这些学习和部署是值得的,但在具体实践中,却逐渐滋生了形式主义倾向,变得"敷衍了事、走过场",甚至带有官僚主义的痕迹。即便在会议上所有人都非常认真地聆听,但在会议之后,对会议的思想领会和执行情况往往打了折扣,具体的实施措施就更少,最终导致了"文件用来履行文件,会议用来履行会议,将新闻报道代替任务完成"的情况。总的说来,问题的根源在于各类会议的数量不断增加。许多非必要的会议使得教师们整天忙于应付,会议结束后根本没有时间和精力来具体解决和实施每一次会议的精神和计划。因此,这类会议逐渐变成了"形式会议"。①

③活动比赛多,实践效果弱。

如今,现代教育管理注重培养学生在"第二课堂"的能力素质,因此,各种大型活动和比赛变得更加频繁,对学生的综合素质考核也日益复杂和全面。学校教育活动中,培养学生综合素质本应合理可行。然而实地调查和统计发现,一些大型活动和比赛逐渐变成了形式主义和官僚主义"表演的舞台"。有些领导过分注重政绩,将学生视作

---

① 谭洪涛,陈莉,邹高祥.浅析高校中形式主义、官僚主义表现及治理对策[J].公关世界,2021(02).

彰显成就的工具,将学校转变为表演场所,并忽视学校的实际情况和学生能力,频繁举办各式各样的活动和比赛,通过各类新闻报道和媒体宣传来达到大家满意的结果。这种比赛通常会沦为纯粹的形式主义,不仅浪费了人力和物力,而且并不能提升学生在某些方面的能力。

④行为签字多,责任落实少。

近年来,由于对教师主体责任和师德要求的加强,各地发出了大量的文件、责任书和承诺书,涵盖了党建团建、师德师风、学生安全、廉政教育、奖贷勤助等方面。为了突出工作安排的重要性,学校管理部门通常以文件的形式发布通知,并要求分管部门签署目标责任书,相关分管领导回来传达会议精神后,要求下级部门采取同样的方式,拟定更具体的通知文件和责任书,并将其逐级传达给每位教师和管理者。老师们也要认真阅读文件要求,签署承诺书,并将承诺书分发给学生,要求家长签字。通过这样的方式,上级的指示和精神可以得到充分传达,从而形成思想高度重视、高度统一的局面。但实际情况是,尽管发出了很多文件,签署了诸多责任书和承诺书,但其中具体要求和措施的执行落实却相当有限。各级部门常常满足于"发文件、签责任书即视为任务完成",导致"书面文件众多、责任履行不足"的现象普遍存在。

(4)"择校"中夹杂裙带关系,导致乡村学校师生流失

在"义务教育均衡发展"工作中,农村地区的很多学校是不允许教师或学生进行"择校"和"转学"的,因为这样容易影响学校的教学质量和正常的教学秩序。但是长期以来,城乡教育的不均衡导致出现农村学生"择校"热,一些家长为了孩子能有个好成绩而千方百计

把孩子送到城镇去读书。而且农村小学和初中学校里大部分是留守儿童,他们的父母大多数在外打工或者做生意,这些孩子往往学习成绩也不太好,这也使得有些家长宁可让孩子到县城里去读书,也不愿意让孩子到农村学校读书。

但有些学校在进行"择校"或"转学"工作时,却采取了一些"裙带关系",甚至是弄虚作假的手段。例如某些学校领导利用手中的权力和关系网给自己或亲戚的孩子办理择校、转学、调班等。结果可想而知,师资力量薄弱的学校大量教师和学生流失,导致了教育资源的极大浪费;师资力量强的学校大量学生增加,学校面临资源分配不足问题,学校教师增加了更多的教学压力。

3. 教育资源分配功利化的钳制

(1)重视结果而淡化过程

在现代社会这样一个高速发展的时代,不少人变得急功近利,过度重视结果以及目的的达成情况,而忽视了付出应有的努力。令人惋惜的是,教育在这样的大环境下也难逃一劫,逐渐显露这样功利化的现象。

教育实践想要实现它本身所具有的价值和意义,就一定要在所允许的条件下争取获得最佳的结果。但是,仔细想一想是否所有的教育结果对人和社会的发展都是有利的呢? 如果人们能够沉下心来,对教育实践中出现的各类现象果断地做出客观的判断,或许能够在一定程度上回答这个问题。在当前的教育实践中,我们经常看到一种不良现象:为了追求升学率,一些学校和家长不惜采取超常规、违背规律的极端做法。更令人担忧的是,许多人对这种做法表示认同。他们认为节假日不补课,作业量少,就是误人子弟不会教书,认为只要能够让孩子顺利升学,无论采用何种手段都可以接受。因而在评价教育时,内外部人士往往过于关注结果,而忽视了教育过程和全面发展。这种现象具有强大的影响力,阻碍着教育的发展和创新。

(2)重视知识灌输而忽视能力培养

学校教育的重要任务之一是使学生学习文化知识,并在此基础上进行提炼、整合与创新,以此来推动人类社会的发展。然而,当前的教学实践在传授知识方面过于机械地侧重于培养学生的记忆力,从而忽视了让学生从知识的形成过程中进行探究性学习,从而培养学习能力、生存能力和发展能力。

学生们一直被要求要努力学习,而努力学习是为了什么? 不少学生功利地认为是为了升学,为了考名牌大学,为了在残酷的竞争市场中获得胜利。他们从小接触的教育就是这样:缺乏对知识的敬畏、对生活的追求,他们逃课、通宵打游戏,似乎这些行为能够填补过去学习给他们带来的内心空虚。

部分学校为了更高的升学率,体育、美术等副科为语文、数学等主科让道实属平常,一些家长为了孩子提高成绩,家务从不让孩子参与,因此这些孩子长大后发现他好像除了读书什么也不会,生活中也常常发生中学生竟然不会剥鸡蛋、不会系鞋带等令人啼笑皆非的事情。

面对当今教育的现状,应该对以下问题进行更加深入的思考:首先,学习知识究竟是为什么? 其次,科学、有效的学习方式是怎样的? 最后,将知识转化成能力的最佳途径是什么? 对这些问题的明确与理解将会是我们教学改革的一大助力。

（3）重视学业发展而忽视人格塑造

若审视我们的学校教育和家庭教育,不难发现评价学生的偏重点大多是学业。只要学生的学习成绩优异,无论是家长还是学校,在处理问题时往往持宽容态度,对德育和体育的重视程度不够。教育在这方面所出现的问题需要引起我们的高度重视。素质教育的根本目标是全面提高中华民族的素质,其核心是品德教育,培养学生学会做人,以塑造学生健全的人格和文明的行为习惯。在这方面,我们的教育需要进行有力调整,采取有效的措施解决这个关乎教育成败的重大问题。

在党和政府的关怀下,我们的教育事业实现了快速发展,这是非常值得庆幸和珍贵的。但在发展过程中,在各个方面还存在着不同程度的功利化现象,硬件建设的速度远远超过了内在的建设,从而导致了存在设备闲置、资源浪费等不良现象。而且尽管硬件设施逐渐完善,但学校成员的思想认识还不完善,素质和能力还不完善。在政府和学校进行多方资金筹措下,近年来,学校拥有了先进的图书馆、电脑室、内部网、多媒体教室和双向闭路电视系统等。但是,我们在一定程度上忽视了对使用这些现代技术的人的培养,不仅在观念上,而且在技术上也没有充分重视,这不仅仅造成资源配置的浪费,更使我们的教育失去了发展的后劲。

我们应该明确地认识到,这种现象必然阻碍教育向前发展,教育发展的滞后必然造成人才素质的低下和高层次人才的匮乏,如此必然进一步影响到城乡教育协调发展,阻碍我国教育实现"共同富裕"。

（三）举措成效参差本质原因解析

1. 难以逆转的深层次城镇化

（1）省域平均经济文化水平与山区差距巨大

由于客观存在城乡二元制经济体制，农村居民难以享受改革红利，且农村生产对自然环境有较高的依赖性和敏感度，加之劳动力出走和农村基础设施建设较为落后，农村生产难以形成规模化和产业化，由传统农业粗放型生产向现代化农业集约化经营的转换路径和速度也没有达到预期效果。

由于农业风险高和农村投资回报率低，资本不愿意投入农村市场，农村金融体系发展不起来，而金融是实现经济协调发展的重要保障，现在实行的电商市场下沉到农村，效果也并不理想。所以农村经济发展不起来，建设和发展就只能更多地依靠政府，而这项任务又比较艰巨，所以发展得比较缓慢，距离城镇仍有一定差距。

据浙江省统计局数据（见图 2-3），浙江省 2021 年城乡收入比 1.94，比 2020 年缩小 0.02，城乡收入比连续 9 年缩小，但是浙江省城乡居民收入还是存在很大的差距，2021 浙江省城镇居民人均可支配收入是 68487元，农村居民可支配收入是 35247 元，两者相差将近一倍。经济基础决定上层建筑。种种历史原因导致难以逆转的深层次城镇化，从而省域平均经济文化水平与山区差距巨大，省域发达地区的虹吸效应、集聚效应，导致城镇会吸引更好的师资力量、建设更好的硬件环境。

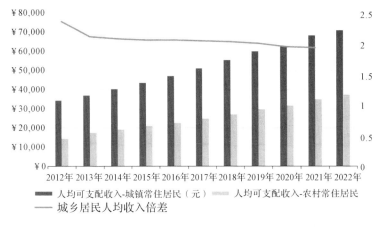

图 2-3　2012—2022 年浙江省城乡居民收入差距

（2）教育资源配置的失衡

教育资源配置失衡主要包括城乡失衡、校际失衡和科际失衡等几个主要方面[①]。城乡失衡主要是指农村地区与城市相比教师资源配置在数量、质量上存在较大差距，校际失衡是指教师资源在不同学校之间存在不平衡状态，科际失衡是指教师资源配置在不同学科之间的不均衡状态。

我国农村小学入学人数是城镇小学的数倍，教育经费却比城镇小学少，农村教育经费严重不足。另外，我国对教育投资存在着严重的结构问题，高等教育规模迅速扩大的同时，中等教育的辍学率却维持在一个较高的水平，而这种现况首当其冲的就是农村孩子升入大学的概率变小，困难程度加倍。

---

①　李国银.豫东城乡义务教育资源配置不均衡现象研究——以商丘市为例[J].河南教育(中旬),2012(09).

城乡教师的某些待遇缺少合理、统一的标准,教师流动选调制度还有待完善,导致城市地区师资力量强大,吸引许多优秀生源,而农村地区师资相对薄弱,教师待遇不高,一旦出现优秀的老师,各大学校闻风而动,利用高昂的薪资和优惠的待遇挖走优秀的老师,形成农村学校门庭冷落的现象。

城市和发达地区集中了大多数优质教育资源,即使在同一地区不同学校享有的优质教育资源也存在巨大差距,许多地方"名牌学校"效应仍然存在,加剧教育资源配置的失衡。

在农村,美术、心理、音乐等课程由于专业老师的缺乏,常常不能开足,即使勉强开设,也是由非专业教师授课,无法保障教学的效果和质量。有些农村学校想招收这方面的专业教师,但由于种种原因无人应聘,出现有课没有任课教师或者随便找个非专业教师顶上的尴尬场面。由于缺乏特长方面的系统学习,农村孩子想要在这方面出彩就特别难,成本也难以负担,从某种程度而言,农村孩子想成功就只能靠学习课本知识这一条路。

(3)教育政策价值失衡

在传统的长期的"城市优先"资源投入政策下,城市偏向制度渗透到国家政治、经济、文化的各个方面,对教育政策的制定和实行、资源的调配和分布、体制的设计和运行都产生深远的影响[①]。具体表现在农村中小学投入占比比较小,城乡教育资源投入的差距直接导致城乡学生受教育水平的差异。

---

① 李泽楼,钱振明,鲁先锋.论我国城乡教育失衡产生的政策归因及其调适[J].重庆社会科学,2007(04).

在传统的政策"以城市为中心"的长期影响下，中小学的教材都是以城市孩子水平为标准制定的统一标准教材，很少考虑到农村孩子的成长环境、知识水平。

现代教育政策制定过程是根据社会环境的变化而不断调整制定趋向合理化的过程，与此同时教育政策拥有目标多样性、影响有限性、执行者广泛性和执行环节灵活性等特点，教育政策执行出现了问题，包括但不限于执行效率不高和达不到预期目的等等。现在的示范重点中小学越来越多，屡禁不止，教育部门在招生、师资、投入等多方面予以倾斜给予支持，使得哄抢重点学校愈演愈烈，人为地拉大了城乡学校教育的不公平。

制定教育政策是一个与时俱进、不断更替的过程，是在现行的教育政策的基础之上充分考虑当前我国教育的目标、教育发展要求而不断做出调整。当前我国教育体系仍然处于不够完善的探索阶段，一方面，现行的教育政策跟不上当前教育发展要求，甚至还出现教育政策之间互相矛盾的现象；另一方面，人民大众的公共诉求与现行教育政策的内容结构和价值选择不能最优化体现，导致政策在实践中无法有效实施。滞后或缺乏人民满意度的教育政策容易使教育发展脱离正常轨道，南辕北辙，更何况碰上钻政策漏洞等败坏社会风气的行为，造成教育政策执行出现虚无化和形式化等现象。

（4）优质教育机会的不均等

不可否认的是由于城乡差异显著，教育机会不均等的现象始终存在，严重影响着教育共富的进展，不利于我们构建和谐社会。促成教育机会不均等的现象很多，这里主要叙述的是入学机会不均等、重点学校布局不平衡、受教育过程中的机会不均等、取得学业成功机会的不均等和家庭背景影响五个方面,而这五个方面是相互影响的,共同作用影响着优质教育机会,本书就不分开叙述了。

入学机会的不均等导致很多孩子失去优质的教育机会,农村孩子渴望能够和不同背景的学生在同样的学校上学,上同样的课程,不同社会出身的群体,不论是在数量上还是质量上有相同比例的人数得到同样的教育机会。学校重点高中布局不均衡。一般学校会被人为地区分是否为重点学校,甚至某些市域有好几所重点高中,而农村孩子即使在本地区学习再好,上的高中虽然是那个地区最好的高中,但依旧是普高。所以从小学到大学,农村孩子被一级级分流,享受不到好的教育资源。

受教育过程中的机会不均等则是城乡孩子在面对同等丰富的教育资源和教育机会时,农村孩子会因为自身经济条件望而却步,而城镇孩子却能够得到很好的教育机会,这种不平等体现在受教育的年限、接受的教育内容和享受的教育资源方面。学业成功机会不均等是指不同地区之间教育质量相差较大,不同家庭背景的学生学业成功的机会不均等[①],这点在高等教育中表现得特别明显,在我国高校中,农民子女的上学人数与高校的等级成反比,由结果推成因,农民子女在整个教育过程中,受优质教育机会是不均等的。

至于家庭背景的影响更是体现在方方面面,城市地区有更好的受教育条件,好的学校生源扎堆,重点学校林立,家长为了孩子进更好的学校托关系、找门路的现象时有出现,高收入者和特权阶层的子

---

① 闫康婵.对和谐社会背景下我国教育机会不均等的思考[J].陕西师范大学学报(哲学社会科学版),2006,(S1).

女可以优先获得优质教育资源；农村地区却因随父母外出打工入学搁置或因公办学校入学"门槛高"没有户口和交不起费用等种种原因，仍有许多适龄儿童失学现象，或是只能进入教学质量差的民办学校。

2. 教育认知层面的深度偏差

(1)父母受教育程度影响子女认知

父母自身的认知能力对其子女的教育有着深远的影响，拥有较高认知的父母会根据家庭收入情况、现实因素和子女自身特点对教育投入和教育期望做出理性的判断。研究表明[①]，家庭收入、住房价值和家庭存款等对教育投入有促进作用，并且课外的各类教育支出与孩子的学习成绩呈正相关。

某些偏远农村地区父母不重视子女的教育，认为读书不如外出打工赚钱，补贴家用，而在这样的家庭环境影响之下，子女也沿袭了父母的观点，接受完义务教育就随父母外出打工。而有一部分地区仍然存在重男轻女的现象，不重视女儿的教育，认为女孩终是要外嫁的，因而不愿意花成本培养女儿。当然也有农村父母很重视教育的，因为自己吃了没有文化的亏，所以对子女的教育期望非常高，但是农村地区孩子的父母普遍文化水平不高，在小学、初中阶段，当孩子遇到难题，求助无门，这就导致与城市地区孩子之间的差距就会越来越大，并且大部分农村父母即使拿出自己的全部家当，也不如城镇父母

---

① 熊云飚，李斌.父母认知能力和家庭资产结构对子女教育支出与教育期望的影响——基于中国家庭追踪调查数据的实证分析[J].成都师范学院学报，2022，38(10).

能给予孩子的教育资源和教育投入多,于是,当农村父母看着自己的子女与他人成绩的差距,当理想撞进了现实,所承受的打击可想而知。甚至一些父母会将压力转移到自己的孩子身上,对自己孩子有很高的期望,将自己没完成的梦想加诸孩子,认为自己拿出了全部,可是孩子却比不过别人,从而对孩子反复施压,孩子出现逆反心理,甚至出现消极心理,从而家长与孩子之间产生矛盾。

另外,如前文所述,父母的受教育程度影响家庭环境氛围,父母是孩子的第一任老师,也是最好的老师,父母的认知程度影响孩子的认知能力水平。在一个家庭里,父母经常看书,生活有规律,以身作则,言传身教,自然孩子也会养成良好的生活习惯和学习习惯,父母精通外语,孩子从小接触,学起来自然比其他孩子更轻松。城市家庭父母受教育程度普遍比农村地区高,农村孩子只能从书本上接触一些事物,而城市孩子可以从书本上、从父母口中甚至父母带着亲自去看去实践,自然印象更为深刻,体会更加明悟。

总而言之,父母是孩子人生中的第一个模仿对象、第一个老师,也是永远的老师,父母的观念必然会影响孩子,但是受教育程度较低的家长,他的认知水平较低,一生都在努力谋取生计,他们的思想跟不上时代的进步,那么同样会导致其孩子的思想观念相对古板、老套,比如前文提到的"读不起书就辍学外出打工""重男轻女"等现象,这些是孩子接受新时代教育的巨大阻碍。

(2)农民工子女认知受到影响

当农民外出打工时,由于户籍和地域种种限制,基于现实情况种种考量,一部分农民工会带着孩子一起外出,还有一部分农民工则选择将孩子留在家乡,成为留守儿童,自己外出打工。

当农民工带着孩子一起外出，那么孩子就避免不了进入务工地区的学校接受教育，而不少当地居民对外来务工人员子女入学持排斥态度，认为他们的到来会拉低当地的教育质量；认为混杂的学生资源会对当地教育环境产生巨大冲击，不利于自己的孩子在单纯且健康的环境中成长；而且这些孩子的入学还挤占了本就紧缺的教育资源，尤其是好学校的入学名额。现在部分中小学孩子们存在不良的攀比心理，对身边各种事物进行攀比，对品牌鞋子、衣服等产品的攀比现象时有存在，外来务工人员的经济水平可能略差一点，这难免会使农民工子女受到排斥，而孩子的语言是最直白的，他们又是处在价值观还未成熟阶段，这些现象容易使农民工子女受到伤害并产生自卑等一系列不良心理。

若农民工不带着孩子一起外出，孩子成了留守儿童，又正值孩子心智仍不完善时期，自觉学习能力与生活自理能力都比较差，价值观、人生观等又没构建起来，没有父母在身边的教育和指导，容易被不正确的观念、不良的风气所影响，从而误入歧途。

因此，农民工的子女无论是跟随父母来到务工地区求学，还是留在家乡成为留守儿童，他们较差的生存环境会导致其产生不良心理，例如自卑、攀比等等，更容易形成不良的世界观、人生观、价值观，最终误入歧途。

（3）唯分数论抑制全面发展

对于教学质量的评价以及老师绩效的评价，都会习惯性地用学生期末的考试成绩作标准，将分数作为最重要甚至唯一评价的依据，从而将学生分出梯队、老师排出梯队、学校分个层次。有些学校可能没有明面上的考试或者不将考试结果公布出来，可是会有学业测试、学业评估、学业摸底等活动,并且将学生成绩与教师职称评定、评优评先、绩效工资等相关联,这些其实本质上还是依赖于学生分数。

唯分数论导致孩子所有的努力都是为了高考有个好成绩能上个好大学,空闲时间全部被繁重的课业填满,做完学校的作业继续做额外的补习资料,没有时间发展自己的兴趣、爱好,也没有时间发挥自己的创新能力、动手能力。农村孩子则表现得更为明显,当想要发展自己的兴趣、爱好时,可能会被说成不务正业,家长也没有那个条件或是认为没有必要让孩子培养他的兴趣、爱好,觉得浪费辛苦钱,只是一心想让自己的孩子有个好成绩,以后能过得好一点,唯分数论抑制了孩子的全面发展,减少了孩子靠特长、兴趣走出一条路的可能性,农村孩子也注定要和城镇孩子一同在高考这个千军万马过独木桥的竞技场中竞争。

实际上相较于城市,农村孩子更加贴近于自然,更加有自己的时间去发展自己的兴趣,也有更多的自己动手做事的机会,而现在的教育对"成绩""分数"关注的程度过高,导致农村的孩子也被迫向城市孩子看齐,不断地学习、做题、提高成绩,从而遏制了孩子兴趣的发展,阻碍了孩子的全面发展。

（4）教育焦虑导致超负荷教育

在当今社会中,五花八门的教育广告满天飞,营销号到处夸大传播学历的重要性,家长满心希望自己孩子不输在起跑线,老师各种绩效奖金与此挂钩,学校为了教育评估严阵以待,层层施压,教育充满了浮躁和焦虑。资本通过构建的"伪需求"让教育焦虑不断升级,从而在大环境的影响下,教育没有考虑到学生的实际年龄、心智成熟情况和实际接受程度,导致了超负荷教育。

当今时代现状就是内卷，家长生怕自己的孩子落后于其他人，"所有人都在卷，你不卷就会落后"，从而引发教育焦虑。家长们在课后给孩子报各种各样的补习班，孩子周末都没有休息时间，长时间处于超负荷教育中。而农村孩子，家长忙于生计，接触教育培训信息少，就没有这个概念，辅导班更是少得可怜，此消彼长，从而城乡孩子受教育水平差距越来越大。

3. 市场经济思维的高度泛化

（1）教育资源分配功利化

教育的功利化倾向是社会功利化在教育领域的投射，是市场经济思维高度泛化的结果，教育本该起到教导学生认识世界、全面育人的作用，却处处绩效化、功利化，失去了教育应该有的作用。个别的人以功利、以金钱作衡量优劣、美丑、善恶等事物的标杆，教育资源分配功利化只是其中一个方面的映射，无论是办学者、劝学者还是求学者都以功利、以分数来衡量教育的价值、教育的效果。在图名、图利、图钱的社会心态的影响下，教育资源分配功利化所导致的城乡差异巨大，只能说是意料之外，情理之中。

时代飞速发展，优质教育资源结构失衡，并且各个家庭在追逐优质教育资源的同时，加剧了教育的市场化行为，进一步导致了优质教育资源的失衡。受到家庭条件的影响，优质教育资源分配成为一种不断增加教育投入的追逐赛，谁投入得多，优质教育资源就集中在哪里，这种"市场化"的优质教育资源分配，是教育功利化行为愈演愈烈的表现。家庭教育投入与市场供给之间的供需关系[①],使家庭收入或者说家庭教育支出与优质教育资源分配之间形成了一种因果关系,而这种关系是功利化的,教育功利化在这种关系作用下日渐成风。在优质教育资源分配功利化的前提下,相比城镇家庭,农村家庭的整体家庭收入相对较少,从而教育投入较少,拥有优质教育资源的可能性较小。

（2）办学短视注重眼前利益

教育短视,忽视教育对个人及社会长远和可持续发展的正向影响。一些学校办学短视,急功近利的教育教学方式贯穿于整个教育过程之中。文凭和学历成为主要目标,罔顾教学规律以及孩子成长的规律,不断地给孩子施加压力。题海战术和机械记忆成为主要的学习方式,两年的学习内容被压缩成一年或是半年,教学节奏和教学秩序被严重扰乱,学生的休息时间严重不足,身体素质不断变差,个体差异性、创造力和好奇心被严重湮灭。学校为了升学率,不管孩子是否会累倒,严重忽视了孩子的人格教育、心理教育等,这样的行为严重背离了教育的本质。

办学短视,重视眼前利益局部利益,忽视全面利益。"三百六十行,行行出状元",社会需要不同领域的人才,学生是祖国新一代的栋梁,如果在小时候就早早丧失各种兴趣,只会读书,那么各个领域都会缺少人才。小的时候是最富有创造力与创新性的时期,所以小孩子的"十万个为什么"常常将大人难倒,如果不加以引导甚至去湮灭它,那么缺少创造力的人民、缺少创造力的社会、缺少创造力的国家

---

① 崔保师,邓友超,万作芳,等.扭转教育功利化倾向[J].教育研究,2020,41(08).

的未来可想而知。在这样的办学环境下,城镇家长的认知水平更高一些,会更有经济实力与包容程度去让自己的孩子发掘天赋、发扬兴趣,而农村家庭则相对更会随波逐流,依从学校的教育方式。

(3)教育资源严重浪费

教育需要占用和消耗的一定人力、物力和财力等各种资源统称为教育资源。教育资源的浪费在各个方面均有体现。在物质资源方面,城镇学校拥有充足的资金,不断扩招扩建,盲目跟风,明明前两年新建的操场或者篮球场,又重建或翻新;图书馆建得华而不实,图书重复购置率高,在人们手中流通率低,校园固定设备的使用率不高。

在学生人力资源方面,为了升入更好的初中、高中,为了考入更好的大学,复读现象屡见不鲜,人为地延长了学习时间,重复占用了各种教学资源;还有一些学生由于学习压力过大等原因选择了辍学,教师劳动没有获得应有的回报和收益,造成了之前投入的教学资源的浪费[1]。

在教师人力资源方面,城市经济发达地区硕士生、博士生去做小学老师等社会新闻层出不穷,城市的学校待遇好,小学老师稳定又轻松,于是高学历毕业生争相应聘;重点学校办学规模有限,优秀的教师云集,造成人力资源利用率低。而农村学校却资源稀少,社会资源教育资源不流通,导致校舍等资源浪费。

---

① 于清清.论学校教育资源浪费的现象、原因及应对策略[D].曲阜:曲阜师范大学,2009.

难以逆转的深层次城镇化

a 省域平均经济文化水平与山区差距巨大
b 教育资源配置的失衡
c 教育政策价值失衡
d 优质教育机会的不均等

教育认知层面的深度偏差

a 父母受教育程度影响子女认知
b 农民工子女认知水平受到影响
c 唯分数论抑制全面发展
d 教育焦虑导致超负荷教育

市场经济思维的高度泛化

a 教育资源分配功利化
b 办学短视注重眼前利益
c 教育资源严重浪费

图 2-4　举措成效参差的本质原因

三、"增富济贫"：山区教育共富的实践探索

（一）山区 26 县的教育共富实效路径

1. 山海协作

（1）教育之"山海协作"

山海协作工程是浙江省委、省政府为了推动省内以浙西南山区和舟山海岛为主的欠发达地区加快发展，实现全省区域协调发展而采取的一项重大战略举措。2021 年，浙江制定了《浙江省山区 26 县跨越式高质量发展实施方案（2021—2025 年）》，提出升级山海协作，加强陆海统筹，推动山海协作结对双方聚焦平台共建、产业共兴、项目共引。[①]

"山海协作"是为实现共同富裕而实施的工程，而教育也属于共同富裕的一个方面，不仅为了山区经济的发展，也为了山区教育的发展，携手"海"的富足资源，援助"山"的"贫瘠"教育。

教育之"山海协作"最主要就是实现"强"校与"弱"校的结对合

---

① 周建华，付洪良.深化山海协作助推浙江山区县高质量发展研究："三链"融合的视角[J].商业观察，2021(35).

作,依靠"互联网＋"技术实现教育资源的共享,使"弱"校能够获取良好的教育资源,不仅是对学生的教育也是对教师的教育。

(2)"山海协作"之果

我们先看温州市鹿城区和泰顺县的"山海协作"成果,两地合作主要体现在三个方面:"空中课堂""共研共修""同步课堂"。

首先,"空中课堂"。"空中课堂"指利用先进的网络信息技术和现代通信技术,录播或实时直播教师授课,并搬运至网上,使得学员能够加入课堂,从而实现师生之间实时交互的一种课堂形式。以温州市鹿城区和泰顺县的"名师空中课堂"为例,此课程是由名师合力打造的精品课程,具有学段广、学科全、模式新三大特点,它涵盖了学前阶段至初中阶段的所有课程内容,并且制定了各学段的线上学习指南;课程除了包括语文、数学、英语、科学、体育、音乐、美术七大课程之外,还涵盖了道德与法治、历史与社会、德育以及综合实践等科目,此外还开设线上儿童心理健康专线,为孩子的心理情况以及心理健康保驾护航;该套课程还创设了"三三三"的新教学模式,通过包含新课与专题、精品课程与分层教学、线上教学与线上答疑的"三结合",包含自主整理、自主答疑、自主选择的"三自主"以及包含家长课堂、名师课堂、学生课堂的"三课堂",实现线上课程内容的立体化。

鹿城区"名师空中课堂"于 2020 年 2 月 10 日正式上线,来自泰顺县 55 所义务教育中小学的将近 35000 名学生以及周边有需求的地区的学生都可与鹿城区学生一同观看线上课堂。自"名师空中课堂"上线以来,网站日均访问人次高达 29 万,课程日均点播 102.45 万次,最高一天同时在线学习的学生数量有 32 万人。

其次,"共研共修"。所谓"共研共修","研"指的是"互联网＋同步教研","修"指的是"山海协作命题研修班"。温州市鹿城区与泰顺县两地组成学习共同体开展"共研共修",通过"互联网＋同步教研"以及成立"山海协作命题研修班"两大措施来重点培养教师队伍。据不完全统计,截至2021年9月底,鹿城、泰顺"山海协作"线上同步教研700余节课,网络共修400余次,举行线下帮扶等活动40余次,并且泰顺县选送了20名教师前往鹿城区进行学习锻炼。通过对师资资源的加强,帮扶山区县"弱"校。

最后,"同步课堂"。同步课堂是一种教育教学模式,特指在实体课堂教学的同时,通过技术手段将课堂内容以实时的方式传输给远程学习者,使他们可以在不同地点通过网络参与课堂活动。这种模式可以实现学生和教师之间的互动和即时沟通,使远程学习者能够与实体课堂中的学生一同参与课程,提问、回答问题、讨论话题等。在互联网技术的加持下,温州市实验中学与泰顺县罗阳镇第二中学进行同步直播的方式开展"山海协作",努力将山区学生培养成与城区学生一样的优质生源。截至2021年8月,鹿城、泰顺"山海协作"结对模式帮扶学校共计21所,开展同步课堂近1300节,惠及师生4万余人。

接着以温州市文成县为例,文成县已与25个温州市名师工作室共建人才培养体系,每年安排20余名新入职教师留在县城学校或县外名校跟岗锻炼,促进年轻教师成长。与此同时,文成县不断加大优质教育资源下沉,促进教育均衡发展。例如远在100千米外的温州市鹿城区马鞍池小学音乐老师通过"互联网＋"远程视频带领文成县珊溪镇仰山小学的孩子们演奏。两年前,建在山坳里的仰山小学还是另一番模样,不仅基础设施不完善,师资力量也十分匮乏,更没有专职的美术和音乐老师。为了解决山区学校美育教师结构性缺编的问题,2021 年 10 月,温州市教育局启动乡村美育"空中飞课"计划,仰山小学与温州市马鞍池小学结对,成为首批试点学校,每学期送来 120 节"空中飞课"。

近年来,文成县加快实现基础教育均衡发展,不断促进教育公平与质量提升,已在 9 所乡村小规模学校全面铺开"空中飞课"。并且,2019 年浙江省开始试点"互联网＋义务教育"结对帮扶,文成县积极响应号召,投入 900 万元用于扩面建设,为全县 40 所中小学校配齐相关设施设备。文成县教育局副局长胡国栋说:"山区县要实现教育高质量发展,格外需要抓住宝贵的'弯道超车'机会,而'互联网＋'教育就是这样的机会,让同步课堂、同步教研来搅活文成教育这池春水。"2020 年,文成县再投入 1160 万元,建成了 58 个新型教学空间,实现"互联网＋义务教育"项目全覆盖,与此同时,积极推动公阳、平和、桂山等 6 所乡村小规模学校与瑞安签订教育系统山海协作协议,以点带面,推动乡村薄弱学校发展提升。

我们再来看嘉兴市嘉善县。嘉善县坚持硬件和软件并重、资金支援和智力支持并举,全方位、高质量推动教育山海协作向纵深化、常态化、长效化发展。嘉善县教育局与丽水市庆元县教育局签订山海协作合作协议,把教育山海协作纳入嘉善县教育局年度工作要点和对各校年度目标责任制考核,落实各校工作责任。建立教育局、学校、教师三层次常态化教育交流机制,围绕区域教育改革、教育教学管理、校园文化建设、办学水平提升等重点,打造多层次、宽领域的山海协作协同发展格局。嘉善县不仅进行省内协作,还进行跨省协作,在基础教育领域搭建新的合作平台,与四川省九寨沟县达成合作,构建"嘉善·庆元·九寨沟"三地基础教育改革创新协同联盟，深化嘉善、庆元和九寨沟三地教育合作，有效加强三地教育在改革创新方面的协作和交流。目前，嘉善县与庆元县共40所学校结对校际帮扶，8所学校结对"互联网＋义务教育"帮扶，10位名教师结对20名庆元教师、各结对学校师徒结对26对。帮助九寨沟县搭建名校长、名教师、专家型教师培养机制和平台，制定学科交流工作坊、夏令营活动、中高职实习及招生计划等方案并积极实施。三地学校教师在线上共同参与了小学数学等八个专场的课堂教学成果展示，近4000人次参与活动。

当然本节以个别典型地区为例，省内具有大量诸如此类的案例，本书限于篇幅未能一一提及。

2. 教育共同体

教育共同体简称教共体，是指义务教育阶段城镇优质学校与乡镇学校进行结对，形成办学共同体，以强带弱，共同发展，提升城乡义务教育优质均衡水平。

为落实好"支援山区26县和6个海岛县组建跨地区教共体结对学校500所"省政府民生实事项目，浙江省内各个地区都已启动教育共同体结对帮扶模式，此措施与山海协作类似，校与校组成结对教育共同体模式，进行资源共享，以强带弱，提高山区教育水平。

教共体有以下典型案例：

①"区内＋区外：内外结合全方位"模式。

台州市路桥区实施"区内＋区外：内外结合全方位"的变革模式，梳理出具有帮扶能力的城区学校以及需要帮扶的乡村学校，覆盖区内延伸区外,优势互补、资源共享、相互促进、共同提高。首先,覆盖区内,截至 2021 年 11 月,区内共计城乡结对帮扶受援学校 38 所,城乡结对覆盖率达 100％。2022 年 1 月,对 38 所学校开展教共体建设,覆盖率达 100％,实现教学资源覆盖全体教师、学习应用覆盖全体适龄学生、智慧校园建设覆盖全体学校。其次,延伸区外,以资源共享、优势互补、互相促进的原则,2022 年路桥二中、路北小学等 5 所支援校与天台县螺溪中学、白鹤镇二小等 5 所受援校组成跨地区教共体结对学校,投资 20 余万用于天台学校录播教室教学设备建设,远程传递科学微实验室、工艺美术、语数英等学科课程,共同促进山区教育共富。

②“四联”模式。

在“整体联动、区域联片、校际联手、教研联合”的教研管理“四联模式”指导之下,温州市苍南县矾山镇埔坪学校与苍南县灵溪四小进行结对,形成教育共同体,开展了 30 多节互联网同步课堂以及线下高质量讲座和课例支援。针对受援学校的实际困难,给予实实在在、真真切切的帮助,树立每一个结对典型,辐射区域教育教学质量发展,这是苍南县对每一个援助学校的要求,通过创新实施“整体联动、区域联片、校际联手、教研联合”的教研管理“四联模式”,苍南坚持以质量为本,在城乡统筹、均衡协调中积极扩大苍南教育发展优势,2022 年苍南县义务教育阶段公办学校教共体 86 所实现全覆盖,学前教育阶段结对帮扶 40 所。

③“云端”模式。

通过互联网的加持,将课程接入“云端”,实现教育资源共享。2022 年 2 月 25 日,温州市平阳县教育局、宁波市奉化区教育局、温州市乐清市教育局联合举行了"支援山区 26 县组建跨地区教共体结对帮扶"签约仪式,温州市平阳县共有 20 所学校成为第一批跨地区教共体结对帮扶对象。从此,平阳县昆阳镇第七小学和宁波市奉化区实验小学开启了相距 280 千米却紧密相融的教育共同体建设。

"目前两校之间已经开展了六次同步课堂,三次线上教研,涉及语文、数学、英语等多个学科。"据昆阳镇第七小学校长曾余理介绍,类似这样的"跨区域教共体线上同步课堂"活动已开展多次。同时,为克服远距离这一制约因素,每次线上课堂结束后,结对学校双方还会及时开展"线上教研",本着"优势互补、互相协作、共同提高"的原则,紧紧围绕"管理效益"和"质量提升"两大主线,充分发挥教育共同体的力量。

目前,该县 20 所学校都已经开启"线上课堂""线上教研"等云端交流活动,并且,接下来为实现跨地区教共体互利共赢,各结对学校还将进一步完善教研机制,通过网络推送视频、名师指导、现场观摩学习等环节,依托跨区域同步教学和线上教研项目,努力书写教育"共享、共学、共富"新篇章。①

④"一校两区"模式。

衢州市柯城区在 2007 年开始推行"一校两区",这是典型的融合型教共体模式,以城区强校名校"托管"农村薄弱学校发展。以衢州鹿鸣小学为例,鹿鸣小学七里校区在距离柯城城区 33 千米远的七里乡大头村,这个校区在鹿鸣小学托管的 14 年来,发生了翻天覆地的

---

① 蔡玲珑,王苗苗.温州平阳跨地区教共体谱写"教育共富"新篇章[J/OL].温州市教育局,2022-5-16. https://edu.wenzhou.gov.cn/art/2022/5/16/art_1324556_5902266 8.html查询时间 2023 年 1 月 2 日。

变化,尽管处于偏远地区,但校园里立起了 LED 屏,设置了朗读亭,菜园里标着二维码,直播设备也一应俱全,新型教学空间建设开展得如火如荼。现如今,该区已有 9 个这样的融合型教共体,在"一校两区"管理下,该区的农村校区指标整体高于乡镇中心小学,部分校区的检测成绩甚至高于城区本部,有效达成了扶弱提升的目标。

⑤"传帮带"模式。

丽水市遂昌县以"借"为桥,"传帮带"提升教学质量。

以城带乡,做深跨地区教共体。为实现教育提质增效,遂昌县借力山海协作优质资源,积极推进省民生实事跨地区教共体建设,与湖州市吴兴、绍兴市诸暨市建立跨地区教共体 10 个,积极开展教师异地交流实训及师生线下集体交流活动。截至 2022 年 5 月,已成立跨地区名师工作室 10 个,达成师徒结对 90 组,派出异地跟岗锻炼10 人。同时,与湖州、嘉兴、绍兴、宁波等地学校结成帮扶结对30 组。

以强带弱,做实本地域教共体。探索确定集团、联盟、托管、城乡四种类型的教育共同体模式。以城区优质学校牵头建成教育集团,实现集团化办学全覆盖。根据办学规模、地理位置等因素,结成"小微学校""革命老区教育"联盟 2 个。按照强弱均衡、地域就近原则,建成城乡教共体 7 个,其中融合型 1 个、共建型 1 个、协作型 5 个。如丽水市遂昌县育才中学托管农村薄弱学校万向中学,通过城乡教育共同体建设模式实现深度融合。截至目前,各共同体学校收看同步课堂、名师网络课堂 400 余节,开展教研活动 225 次。

以点带面,做精创新型教共体。为解决农村学校艺术教师结构性缺编等普遍性问题,以"山海协作"师徒结对为基础,主动发力争取最大力度帮促,实现从师徒个人到校际帮扶的扩面,创新教共体形式,有效解决山区学校美育教育短板。2022 年 3 月,丽水市遂昌县金岸小学与杭州余杭区未来科技城海创学校结成艺术互联网结对学校。

3. 集团化运营

集团化运营是一种运营模式,而在推进教育共富方面,其本体为集团化办学,有研究者认为"集团化办学是指两个及以上学校或校区的办学及学校发展过程中,在共同的理念引导下,在一定契约约束下所形成的具有规模效应的合作关系"。也有学者提出"集团化办学的目标在于促进教育的优质均衡发展,重在校际联合,需要优质教育资源的引领"①。还有另一种说法为:集团化办学是指通过名校输出品牌、办学理念、管理方式、干部和优秀教师、现代教育信息技术等,实行"名校＋新校""名校＋弱校""名校＋民校"等多种办学模式进行集团化办学,以扩大优质教育资源,推进优质教育向普及化、平民化发展,满足群众日益增长的教育需求。实际上这些说法大同小异,总的来说就是以集团化的模式进行校与校之间的合作,促进优质教育资源的流动,推动乡村教育发展。

"集团化"运营有以下成果实例:

2003 年温州市在鹿城区进行了初步试点,成立了全市第一所团校——建设团小学。迄今为止,温州市在瓯越区已拥有建设路、水新路、四方路、城南路、南浦路 5 个区级名校群以及瓯越幼、瓯越民工教

---

① 贾晓明.县域中小学基础教育集团化办学模式研究[D].石家庄:河北师范大学,2022.

育集团 5 所区级名校和 5 所城市职业教育集团。在集团化办学背景下,优质教育资源将向更大范围拓展,区域教育质量差距将进一步缩小,择校热现象得到缓解。2020 年 12 月,宁波市鄞州区扩容 8 个教育集团,新增 14 个小学教育集团、18 个幼儿园教育集团。至此,鄞州区已经形成 59 个教育集团,义务教育优质品牌集团化覆盖率超过 50%,近年来,鄞州区以"互联网+"模式结对浙江省内衢州市衢江区、宁波市宁海区等地学校,还与吉林省延边州和龙、延吉等地的学校开展结对帮扶,在承担教育扶贫使命的同时,积极实现集团化办学模式在更大范围内的"同频共振"。

此外,杭州市西湖区也进行了集团化办学的实践。他们以集团化办学改革为抓手,全面构建公平优质的教育生态环境,基本满足全区学生在家门口享受优质基础教育的需求,走出了一条具有西湖区特色的"教育共富"之路。西湖区开展集团化办学探索历时 20 余年,经过三个阶段:第一阶段是名校教育集团。1999 年杭州市求是小学先后接管竞舟小学、星洲小学两所新建学校,在全国率先探索义务教育名校集团化办学,到 2002 年成立全国首家公办基础教育集团——杭州市求是教育集团。求是教育集团通过名校带新校的方式,助推新校取得了快速发展,并培育了一大批新优质学校。第二阶段是紧密型教育共同体。西湖区针对区域内农村教育相对薄弱的特点建立弱校补偿机制,创建以名校管理团队输出为特征的紧密型教育共同体办学模式,并于 2011 年成立首批包括杭十三中教育集团——周浦中学、杭十五中教育集团——袁浦中学、保俶塔实验学校——西湖第一实验学校、学军小学——转塘小学在内的 4 个紧密型教育共同体。通过建立紧密型教育共同体,西湖区加快城区优质教育资源向农村学校和薄弱学校的辐射延伸，实现全区城乡教育一体化融合发展。目前，全区共有紧密型教育共同体 13 个，含成员学校 26 所。第三阶段是区域教育联盟。西湖区通过组织推动的方式成立区域教育联盟，以学校自愿为基础，本着"同区域""同类型""同主题""同特色"等原则，于 2019 年成立"'泗乡之育'小学联盟""新西溪教育联盟""新优质学校联盟""翠苑'5＋1'教师发展联盟"等 13 个区域教育联盟，涉及中小学校 62 所。① 从而确保了优质教育与城市化进程的良性互动，让更多的孩子在家门口享受到优质教育。实施名校集团化是杭州教育发展中的重大举措，成本最低、风险最小、成效最大地破解了"上学难"特别是"上好学难"问题，促进了优质教育均衡化、平民化、普及化。

不仅如此，《路桥小学集团化办学的实施意见》在台州市路桥区出台，通过路桥小学教育集团的组建，令品牌学校优质资源成功达到最大化的辐射。总校和校区在学校管理理念、人力资源部门、企业会计、信息管理、学校文化建设等方面完全一致，创新"母体"＋"子体"＝"新生"的办学模式，加大了财政保障投入。

4."矫枉过正"

教育家陶行知说："我们对于儿童有两种极端的心理，都于儿童有害，一是忽视，二是期望太切。忽视则任其像茅草样自生自灭，期望太切不免揠苗助长，反而促其夭折。所以合理的教导是解除儿童痛苦、增进儿童幸福之正确路线。"随着内卷加剧，教育焦虑也随之而生，这里的"矫枉过正"针对的是我们普遍认为补习班多多益善，越补

---

① 汪培新.全城优质背景下集团化办学的再思考[J].中小学管理，2022(05).

成绩越好;山区交通不便、对外闭塞、教师水平参差不齐,不受时间、空间限制的在线教育模式很好,足以取代学校。因此本书中的教育共富实现路径是强调凡事要适度,让学生减少补习班,不要成为全日制在线教育的试验田,落实"双减"政策,让孩子多接触大自然;要多在一个集体环境里(最好是学校)一起学习,培养学生的社会实践等各方面能力提升;城镇家长不能期望过高,要正确看待小孩子的合理成长规律,不能将小孩子当成学习的机器;农村家长则要提高认知,知道什么时期是最佳语言学习关键期等等,不能忽视孩童兴趣和天赋所在;架好城镇学校与农村学校沟通的桥梁,优势互补,城镇孩子可以切身感受大自然,农村孩子可以通过高端的科技设备共同享有优质的教育资源。

我们以浙江省山区 26 县中的丽水市莲都区为例,分析"矫枉过正"这种教育共富实现路径的实效性。丽水市莲都区全面贯彻落实中共中央办公厅、国务院办公厅《关于进一步减轻义务教育阶段学生作业负担和校外培训负担的意见》、教育部《义务教育课程方案和课程标准(2022 年版)》等文件精神,力求切实减轻义务教育阶段学生作业负担,大力提升教育教学质量。

在"双减"政策落地后,莲都区"双减"工作经过一年的不懈努力已取得了一定的效果。从课堂到作业、从学生到老师、从学校家庭到社会,一系列调整和改变,实实在在地为学生减了负,让教育回归了本真。

首先是宣教结合,引导舆情关,营造良好的"双减"氛围,截至2022 年 9 月,共发放"双减"工作宣传单 4 万余份,推出"双减在行动"系列文章 32 期,累计阅读量约 5 万余人次。从上到下、从学校到家庭都普遍提高认知,逐渐转变自己的观念,为孩子营造轻松的学习氛围。

其次是家校结合,抓实服务关,积极回应百姓关切,全区中小学征求家长、家委会关于"双减"的意见建议,制定"一校一案"课后服务方案,一方面将城镇孩子从繁重的辅导班中解脱出来,不让学生落下进度,保证教学质量;另一方面,可以解决农村学生课后没有良好的学习环境的尴尬处境,结合实际情况出发,因地制宜,卓有成效。

再次是"减提"结合,保障质量关,优化教育教学策略,鼓励学校组织学生开展各类社会实践活动,促进学生自主学习与社会能力的提升,让学生接触他们自己感兴趣的事物,头脑风暴,无限发挥自己的想象力和创造力。例如莲都小学校长叶芳,她坚持人文性教学,倡导活泼、轻松的教学风格,主持的研究课题"与生活实践相结合,提高低年级教学效果"分别在省市区域中获奖。

然后,莲都政府积极组织城乡教师交流、学生集体交流活动。借助名师效能,积极增进教师交流,促进教师发展,推动教研对话,实现教学共长,最终城乡两地 12 所学校学生集体交流活动 7 次,教师集体教研 92 次,提供了 7 个拓展线上课程和 145 节线上示范课。

最后是监管结合,强化治理关,净化校外培训生态。截至 2022 年 7 月初,全区 93 家学科类校外培训机构压减率达"百分之百",截至 2022 年 9 月初,莲都校外培训机构共 251 家,其中艺术类 230 家、体育类 52 家、科技类 11 家,学科类培训机构实现清零。

5. 县乡一体化

县乡一体化是城乡义务教育一体化改革的重要举措,旨在缩小城乡教育差距,促进教育公平。这一教育改革方向在中国教育体制中具有重要地位,其目标是整合城市和农村地区的教育资源,建立统一的教育体系,促进城乡教育的协调发展。

县乡一体化的核心宗旨是为每个学生提供平等的教育机会,不论他们生活在城市还是农村。通过实现县乡一体化,城市和农村学校将形成紧密合作的整体,教师和学生之间将开展更多的互动与交流,优质的教学资源也将得到更合理的配置和共享。

这项重要的教育改革致力于在教育领域消除城乡差距,推动教育资源的均衡分布。通过整合教育资源、制定统一规划与管理,县乡一体化将建立起共同的教育体系,实现城乡教育的协同发展。

在浙江省山区 26 县中的天台县,我们可以看到县乡一体化在实现教育共富路径上取得了显著的实效。在这里以浙江省山区 26 县中的台州市天台县为例,分析县乡一体化这种教育共富实现路径的实效性。天台县以打造"一乡一名校"为目标,努力绘制教育共富的全景图,主要通过立足于"城乡一体化"理念,重塑乡村学校的形象。在实现城乡一体化的过程中,天台县通过三步走战略实现城乡一体化。

(1)义务教育县乡同步发展

义务教育县乡同步发展是天台县实现城乡一体化的重要步骤之一。以"乡村名校"建设为基点,天台县致力于实现城乡教育的组团发展模式,使学校同体、教师同心、课堂同步、学生同行。这种模式通过学校之间的结对合作,实现了城乡学校之间的一对一或一对多的教与学的互动。

天台县在推进义务教育县乡同步发展方面,采取了多项创新举措。一方面,通过建立乡村学校和城镇学校之间的结对机制,促进了师资力量、教育资源和教育理念的共享与交流。城镇学校的教师们将走进乡村学校，与乡村教师开展教学研讨、经验分享和教学辅导，提升乡村学校的教学质量。同时，城镇学校的先进教育理念和管理经验也得以传递和借鉴，为乡村学校的发展提供了宝贵的指导。

另一方面，天台县大力推行"同步课堂"项目，通过利用现代信息技术手段，在城乡学校之间实现实时的教学互动。该项目提供了远程教学的机会，让城镇学校的优质教育资源能够辐射到乡村学校，让乡村学生能够享受到与城镇学生同步的优质教学。根据统计数据，仅2021年一年，天台县开展了超过2800场的"同步课堂"，受益学生有2万余人。这一举措有效地增加了乡村学生的学习机会，缩小了城乡教育差距，提升了教育公平。

此外，天台县还注重加强对乡村教师的培训和提升。通过组织教研活动、培训讲座和经验交流等形式，为乡村教师提供提升专业知识和教育教学技能的机会。这不仅有助于提高乡村教师的教学水平，也激发了他们的教育热情和责任感，进一步推动了乡村教育的发展。

天台县在义务教育县乡同步发展方面的探索和实践，取得了显著的成效。通过乡村名校建设和同步课堂项目的推行，城乡学校之间的教育资源共享得以实现，乡村学生的学习机会得到了增加。同时，乡村教师的培训和提升也为乡村教育的发展注入了新的活力。

（2）专家组团助推乡村教育高位发展

天台县采取了多方面的措施，通过专家组团送知识的方式为乡村教育提供理论与实践指导，并借鉴先进经验，以推动乡村教育的发展。

一方面天台县开展了乡村教育振兴的"四级联动",承办了台州市乡村名校建设研究高峰论坛。该论坛邀请了知名专家实地考察、现场督导,他们通过深入了解天台县的实际情况,提供了宝贵的理论和实践指导。专家们不仅关注教育设施和师资队伍建设,还重点关注教学内容和方法改革,以及教育管理和评估体系的完善。这种专家组团送知识的方式有效地将专业知识和实践经验引入天台县的乡村教育,推动了乡村教育的全面发展。

另一方面天台县积极拓展与上海、杭州等地知名学校的合作办学,并加强与浙江师范大学等名优资源的合作。通过与这些优质学校和高等教育机构的合作,天台县引入了先进的办学经验和成功的育才机制。例如,天台县的大公中学与浙江师范大学合作办学,这种合作不仅为天台县的乡村学生提供了接受优质教育的机会,还促进了乡村学生的生源回流。据统计,合作办学后,大公中学的生源回流增幅超过150%,这对满足农村学生就近上名校的愿望起到了积极的作用。

(3)分层联动教育一体发展

"以城带乡"集团化管理,"以乡带村"连锁化办园,以乡镇中心幼儿园为龙头,与下属村级园实行连锁化办园,将优质资源延伸至村一级。

天台县以乡镇中心幼儿园为龙头,与下属村级幼儿园实行连锁化办园。通过建立幼儿园的连锁机制,优质资源得以向乡村和村级幼儿园延伸,确保乡村幼儿园也能够提供高质量的教育服务。截至目前,全县已经组建了三大幼教集团,包括3所县直属幼儿园与6个山区乡镇的幼儿园。乡镇(街道)中心幼儿园下辖的村级连锁园已达到 23 所,乡村公办和民办幼儿园的普惠率也达到了 100％。这一模式的实施确保了乡村幼儿园的发展,提供了更多优质的学前教育资源。

通过"以城带乡"的集团化管理,天台县进一步加强了对乡村教育的支持和指导。通过将乡镇幼儿园组建成集团,实现资源的共享和优势互补。这种集团化管理模式可以促进教育经验和教育管理的分享,提升教师的专业素养,推动乡村幼儿园的整体发展。集团化管理也能够提供更好的教育环境和设施,为乡村幼儿园提供更好的发展条件。通过分层联动的教育一体发展,天台县实现了教育资源的均衡配置,让更多乡村幼儿能够享受到高质量的学前教育。这种模式不仅能够满足乡村家长对于优质教育资源的需求,也有助于缩小城乡教育差距,推动教育公平的实现。通过不断扩大普惠范围,天台县为教育共富的实践奠定了坚实的基础。

以上措施和实践在天台县的教育共富中产生了积极的效果,有效缩小了城乡教育差距,促进了教育公平的实现,并提升了乡村教育的质量和发展水平。

6. 数字赋能

数字赋能是指利用互联网、云计算、大数据等先进信息技术,突破时空限制,为教育领域带来创新和改革。它的目标是建设一个学习型社会,实现"人人皆学、处处能学、时时可学"的理念,并推动教育资源的公平分配,以改变我国的教育理念。其主要实现形式有远程教育与在线学习、虚拟实验室与数字化教具、个性化教学和智能化评估等。从长远来看,数字赋能在教育领域具有重要意义,是当前亟待解决的任务。

(1)远程教育与在线学习实现优质教育资源互联共享

在温州市文成县,数字赋能在优质教育资源的互联共享方面取得了显著成效。以文成县为例,通过数字化手段,促进了教育资源的互联共享,实现了优质教育资源的有效传递和共享。

首先,文成县积极参与了温州市教育局发起的乡村美育"空中飞课"计划。在这个计划中,文成县珊溪镇仰山小学与温州市马鞍池小学结对,成为首批试点学校。每学期,这些学校都会互相分享和传授120节"空中飞课",通过远程教育的方式,学生们可以跨越地域限制,共同受益于优质的美育教育资源。

其次,文成县的教育机构也与宁波市奉化区居敬小学展开合作,开展了"云上"口语交际课例研讨活动。这种智慧教育的形式为教师提供了更多交流和分享的机会,同时也拓宽了学生的学习资源和交流渠道。这样的智慧课堂和智慧教研逐渐在文成县的更多学校中常态化开展,为教育资源的互联共享奠定坚实的基础。

最后,文成县也在全面推进"互联网＋义务教育"方面取得了显著进展。几乎所有级别和类型的学校都实现了"互联网＋义务教育",达到了97.44％的覆盖率。这意味着学校普遍采用了数字化技术,将教育资源与信息技术相结合,提升了教学质量和效率,为学生提供更加优质的教育服务。

通过这些举措,文成县在数字赋能方面取得了显著成效,优质教育资源得到了互联共享,学生们可以获得更广泛的学习机会,促进了教育的公平性和质量提升。这些成果展示了数字赋能在教育领域的实际应用效果,为文成县乃至其他地区的教育改革提供了有益的借鉴。

（2）个性化教学和智能化评估构建智慧教育

在台州市仙居县，数字赋能在构建智慧教育、实现精准教学方面取得了显著成效。以仙居县为例，充分利用现代教育技术，加快了山区智慧教育的发展进程，努力构建了具有仙居特色的精准教学品牌。

一方面，仙居县注重线上教研活动的开展，以促进教师之间的交流与分享。例如，新昌县实验小学与仙居县皤滩乡中心小学联合举办了线上语文教研活动。这种线上教研模式通过数字化技术的应用，使得教师们可以跨越时空的限制，共同参与教研活动，提升教学水平和教学质量。

另一方面，仙居县在教育数字化改革方面投入了大量资源，并成为省级精准教学实验区。县级教育部门积极探索在数字化改革背景下的精准教学模式。精准教学的理念基于个性化、差异化的教育需求，通过数字化手段和大数据分析，为学生提供量身定制的教学方案和资源，以满足他们的学习特点和需求。这种精准教学模式成为全省学校借鉴的典范，推动了山区智慧教育的构建。

通过上述举措，仙居县在数字赋能方面取得了显著的实效。充分利用现代教育技术，仙居县加速了智慧教育的发展步伐，实现了精准教学的目标。通过数字化手段和精准教学模式的应用，教师和学生都能够享受到更加个性化、高质量的教学资源和服务。这进一步推动了教育的优质化、公平化发展，为仙居县及其他地区的教育改革提供了有益的经验和启示。

（二）龙南山区的三年教育共富实践探索

1. 普惠增质

龙南山区地处衢州市龙游县南部，具有小聚落、多元分散的区域空间结构，规模性集聚的"城市化"区域难以形成。[①] 在此背景下，龙游县统筹规划，以溪口镇为核心，打造包括溪口镇、沐尘畲族乡、庙下乡、大街乡在内的"一镇带三乡"区域共富联盟，推动地区产业发展。教育共富作为共同富裕中重要的一环，在推动龙南山区发展过程中扮演着重要的角色。

为助力龙南山区教育共富，推进优质的教育资源向山区辐射，开展普惠教育势在必行。为确保普惠教育的顺利开展，当地政府首先建设了一大批开展普惠教育的场地，为普惠教育的开展提供优质的教育场所。其次，建立了普惠教育的报名平台，并大力开展宣传工作，吸引当地广大居民参与普惠教育。最后，为激励当地居民参与学习的积极性，创设了普惠教育的图文积分系统，在达到一定积分后，可以兑换学习用品或者文创产品。

龙南山区普惠教育的推行旨在将优质的教育资源惠及当地广大居民，提升当地教育水平，并帮助当地教育发展取得优质成果。为构建龙南山区普惠教育的长效机制，当地政府与衢州学院展开合作，利

[①] 浙江省民宗委.龙游县打造龙南片区"一镇带三乡"共富联盟.［EB/OL］.http://mzw.zj.gov.cn/art/2023/4/21/art_1229471723_42393783.html,2023-04-21.

用周末以及节假日的时间,为当地居民带来一系列丰富多彩的活动,包括非学科类拓展课程、科普讲座、公益活动、家长课堂等。在丰富当地居民生活的同时,也为其带来精神上的富足,使当地居民能够享受到优质的教育资源。同时,普惠教育的开展有效地助力龙南山区打造乡村未来社区的特色教育场景,推动了龙南山区教育共富的深入发展。

龙南山区"一镇带三乡"普惠教育积极响应国家的"双减"政策,推动山区教育共富的深入发展,主要面向当地学生开设包括美术、声乐、科学、羽毛球、乒乓球在内的拓展课程。同时,当地政府也会定期邀请家庭教育、心理健康等方面的专家来为当地的孩子及其家长带来公益讲座,丰富他们的精神生活,构建了普惠教育的长效机制。

为改变当地师资力量较为薄弱的现状,当地以政府购买服务的形式,引进了大批优质的师资力量。科技、声乐、绘画、羽毛球、乒乓球等项目,由衢州学院的师生进行授课。每个项目都由学院优秀教师牵头,还有一大批有丰富经验的老师以及助教老师(衢州学院学生)参与。老师们精心准备每一次课程,以最佳面貌展示在学生的面前,确保每次活动都能够圆满完成。

来自龙游县的部分优秀退休教师也投身于普惠教育的课堂教育实践,为当地的孩子们带来富有历史厚重感的传统文化课程。来自衢州市其他县区的优秀教师,为当地居民带来丰富多彩的讲座,丰富居民们的精神生活。

当地政府更是邀请了一批业内顶尖人士参与普惠教育,其中就包括羽毛球世界冠军黄雅琼等。在 2022 年 9 月,应衢州学院龙南一镇带三乡普惠教育项目组以及当地政府的邀请,衢州市形象大使、羽毛球世界冠军黄雅琼赴溪口,为当地居民带来一场精彩的羽毛球公益课程。黄雅琼耐心地为当地居民讲解了羽毛球的动作技巧以及进攻防守的相关策略,并为小朋友们上了一堂精彩的羽毛球课。

当地政府通过建设普惠教育场馆,引进优质的师资力量等方式,推动打造龙南山区普惠教育的深入发展。在推进普惠教育的实践过程中,逐步扩大普惠教育资源的数量,提升普惠教育服务的供给质量和效率,增强普惠教育的辐射面和影响力。此外,政府还通过购买优质的线上优质教育服务,推动教育信息化以及资源共享,顺应信息化社会发展前景,助力发展更公平、更优质、更高效的普惠教育。

在学前教育方面,龙游县委县政府也在大力推进普惠性学前教育的深入发展。龙游县委县政府通过加快推进乡镇中心园建设,实现 15 个乡镇(街道)"一乡镇一所公办优质园"全覆盖。合理布局中心村幼儿园,在全县 13 个行政村开设乡镇中心幼儿园分园或教学点,满足适龄儿童入公办园需求。通过开展民办幼儿园收购,快速增加公办学位,可同时容纳更多的幼儿就读,使更多适龄幼儿得到更加优质的教育,在一定程度上解决了适龄幼儿"入园远""入园难"问题,着力实现全面建成覆盖城乡、布局合理、质量保证的学前教育公共服务体系的目标。这一批公办幼儿园的扩面提质,充分推动了龙游县域学前教育的优质普惠发展。

龙游县深入剖析问题根源,制定"硬件、机制、人才"三条跑道同向发力的整改推进路径,通过县委主要负责人亲自抓、县纪委书记督促抓、县分管领导具体抓的工作模式,确保巡视反馈问题全面整改、清零销号,为学前教育优质普惠发展绘就巡视整改"时间表""路线图"。

龙游县以强化硬件保障为基础,通过国资平台代建、政府收购优质民办园等模式,加大公办学前教育学位供给,有效地缓解了优质公办学位不足的问题。同时,以规范整改和建议引退两种模式出清"低小散"幼儿园,并以扩班、增设教学点、提供适合岗位等方式引导师生分流,保障幼儿就近入学权益。

在学前教育优质普惠发展的征程中,龙游在做好硬件保障的同时,更注重机制和人才保障。一方面,打造以乡镇优质中心园为"龙头",其他公办园为"子园"的幼共体发展模式,实现幼共体各园区间师资同盘、教学同步、培训同频、文化同系、考核同体。持续推进特色文化建设工作,围绕"一园一个样,园园不同样"的基本理念,"灵龙""田园"等文化亮点频出,形成"一园一品"办学特色。另一方面,制定并实施《龙游县教育系统引才育才实施意见》,优化教育人才引进政策,强化人才住房保障,大力吸引省内外名优教师、优秀毕业生到龙游任职任教,壮大师资队伍力量,推动县域学前教育软件水平的不断提升。[①]

2. 志愿增爱

为优化教育资源配置,促进城乡教育协调发展,提高乡村教育水平,加强乡村学生综合素养,来自衢州学院的志愿者老师们,于南孔学堂开展暑期夏令营活动,为溪口的孩子们带来了一个个充实而有趣的暑假。

南孔学堂通过打造品牌特色,精心打磨课程,突出强调了国学的

---

① 浙江新闻.龙游:巡视整改推动学前教育优质普惠发展[EB/OL]. https://zj. zjol. com. cn/news. html? id＝1970967.

文化特色,同时也结合了溪口当地的情况,为当地的孩子们提供了优质的教育资源。南孔学堂的课程以培养孩子实践能力以及个性化发展为出发点,以巩固学习素养为基本点。志愿者老师在上课的同时,也不忘让孩子们学习、了解到更多当地的特色以及传统文化知识。他们在教学过程中,让孩子们始终保持对学习的热忱,激发自己对未知事物的好奇心,不断去探索新知识。

南孔学堂上午的课程以"读书"作为一天的开始,同时志愿者老师根据学生的具体情况,为其布置合适的暑假作业,供学生学习。在此过程中,志愿者老师对其进行一对一的辅导,帮助学生养成良好的学习习惯,使得学生能够在南孔学堂的学习过程中学有所成。

每天下午是南孔学堂的特色课程,特色课程的开展提升了孩子们的综合能力。"敢想、敢做、敢说"的教育理念渗入了志愿者老师们的日常教学,每个听课的孩子都能够在亲身体验中学习,在兴趣中成长。"小小演说家"课程让每一个孩子都进行思考,"闯关式"的教学方式成功激发了孩子的学习兴趣,让孩子们学会了更加自信、清晰且准确地表达其思维世界;"培养领导力"课程成功地让孩子们积极参与,踊跃回答,践行凝聚力与参与感的实质意义;在"守护溪口美丽"的课上,老师结合"绿水青山就是金山银山"的可持续发展理念,为孩子们系统地介绍垃圾分类的知识,用绘画的方式让孩子们体会到环境之美、生态之美,通过春风化雨般的教育,让孩子们在不知不觉中将"保护生态环境"的理念植根于心。这一系列课程的开展,既丰富了孩子们的假期生活,又激发了学生的学习兴趣,让孩子们在学习过程中领略知识的奥秘,也唤起了孩子们对家乡的热爱。

南孔学堂最具特色的课程是国学课程。南孔学堂开设特色国学课程,让孩子们"知仁知礼",以作揖礼为切入点,将礼仪规范融入孩子们的日常学习生活。为了让同学们更好地感知博大精深的中国文化,增强文化自信,志愿者老师带领孩子们"穿越"一个又一个朝代,感悟风流人物的慎思明辨,品味其中的内涵底蕴。通过由浅入深的问题,层层推进,在潜移默化中加深了同学们对"南孔圣地,衢州有礼"的理解。

"一剪之巧夺神工,美在人间永不朽。"为传承民族文化、了解民间艺术美,在剪纸课上,志愿者老师以传统十二生肖为主题讲授剪纸艺术,带领孩子们实践操作兔年剪纸。一张张普普通通的纸,在孩子们的手中通过一把剪刀,一只只憨态可掬的小兔子便"跃纸而出"。孩子们在剪纸过程中体会到了剪纸的乐趣,收获了快乐和喜悦,同时也领略了中华优秀传统艺术。

在中国传统节日端午节到来之际,为弘扬民族精神,继承中华传统,读懂端午节的文化内涵,加深学生对中国传统文化的了解,进一步提升学生文化自信,志愿者老师在溪口未来乡村为孩子们带来了"弘扬传统文化,共庆端午佳节"主题的国学素养课程。在上课过程中,志愿者老师通过介绍端午节的来源、端午节的一些习俗活动,帮助孩子们体验端午文化,感受民俗魅力,共同感悟中华民族博大精深的文化,以传统方式烘托节日气氛,传递浓浓祝福。通过学习端午节诗歌,感受端午诗歌的魅力,激发了孩子们对中华传统文化的兴趣。"手工龙舟"制作活动将课堂的学习气氛推向高潮,通过手工制作加深了学生对传统文化的理解,锻炼了学生的手脑协调能力,增加了课堂的趣味性。课程的尾声老师带领学生进行"手工龙舟"展示活动,锻炼了学生的口语表达能力。孩子们在活动中充分地了解了端午节的相关传说以及习俗,了解了端午节的发展历程,丰富了有关端午节的诗词储备量,同时增强了中华民族的凝聚力和认同感。在教学之中,志愿者老师也获得了宝贵的经验,通过一次次的教学实践与孩子们逐渐融合,找到了最契合孩子们的课堂教学模式。他们的经历,既是对后续参与南孔学堂的其他的青年志愿者教师的莫大鼓励,同时也是宝贵的经验,让后续的南孔课堂开展得更加顺利。

南孔学堂除了为当地孩子们带来优质的拓展课程,也为当地的中老年人带来了健康讲座。由衢州学院部分志愿者老师以及医院的部分医生志愿者共同组建了体医融合团队,为溪口乡村未来社区的200 多名中老年居民提供免费的体质测试。此外,他们还向当地的中老年居民提供运动建议,通过举办科学运动训练班和康养类讲座,为当地中老年居民普及健康知识。

有了人气,才有干劲。产业振兴首先要人才振兴。为此,衢州学院在溪口镇开展职业技能培训、农民培训、教共体教师能力提升等活动,将高校优质教育资源带到山区,为山区教育注入活力。2021 年以来,衢州学院共在溪口开展组织培训 30 期,累计培训 2800 余人次。

3. 附属增名

近期,龙游县教育局与衢州学院再度联手,创建衢州学院实验幼儿园,这是衢州学院与龙游县溪口乡村未来社区深化校地合作的又一重要举措,也是龙游县教育提升的又一重要工程。这一工程以共建共享为理念,进行普惠教育质量提升合作,以创建溪口幼共体为目标,抓好一园(衢州学院实验幼儿园)、二基地(衢州学院实习基地、龙游县乡镇幼共体幼儿教师研训基地)建设,大力推进当地学前教育质量的提升,协同培养一批服务于当地的优质学前教育师资,打响"龙有优学"品牌。

探索校地融合新模式,以共建共享新理念助力山区县教育共富。衢州学院和龙游县的深度合作是一次创举,是凝聚校地合作的力量共同打造适合当地的学前教育基地,协同培养优质的学前教育师资。衢州学院在贯彻国家教育共富的理念下,不断优化教育资源,同时将优秀的人才引进山区,开展惠普教育,优化区域内教师资源的合理分配,支持龙南山区的教育事业建设。在衢州学院实验幼儿园建立后,衢州学院协助溪口幼共体成立未来乡村家长学校,定期开设各类公益性家庭教育知识讲座,转变乡村家长的教育理念,形成科学的育儿观。开展溪口幼共体教师培训的同时,提供优势资源,学校将选派学前教育专家团队,参与指导溪口幼共体各园区园本特色打造以及内涵提升,指导课程的设计与开发,完善园本化课程方案。指导园内教师开展教学实施与游戏活动以及实施主题活动,组织与实施幼儿一日活动,建立幼儿一日保育教育模式,提高幼共体教师的业务素养。在活动过程中,执教的实习教师们积极创设互动氛围,注重幼儿的参与,调动幼儿的学习兴趣活动,从目标的制定、活动前的教具准备到活动过程的组织,都充分体现了实习教师们的用心,他们也初步体验到了把专业理论运用到真实课堂所带来的乐趣与成功感。推动形成具有龙南山区区域特色的学前教育成功样板,为龙游县其他区域的学前教育特色课程的开发建设提供成功经验。

探索校地融合新模式,促进山区教育建设与师范生培养的全方位融合。衢州学院与龙南山区中小学共同组建"教共体",注重本区特色打造的同时,将龙南山区幼共体整体纳入衢州学院实验幼儿园体系,与此同时,推进山区学校建设,促进教育扩容提质。把山区家庭教育(家长教育)、心理教育等环节融入实习教师的培训计划,通过优质师范类师生入驻,带动当地中小学教育和学前教育水平的实质性提升。在质量和数量上,有效提升区域性教育资源不均衡的问题。衢州学院大力促进优质教育均衡发展,助力每个孩子在家门口卜好学校,提升人民群众的幸福感、获得感。

衢州学院行动助力共富,人才资源走进龙南山区,以"三全"优化山区教育资源供给:一是全课程融入。统合校地资源,充分利用本地高校区位和通勤优势,打造龙南山区普惠教育综合体(浙江未来乡村学院),开设科技、声乐、绘画、儒学等 18 类各式课程,建立"按需约课、即日送达、需求不断、服务不停"的教学互动机制,探索出"开门揖道、时时可学"线上线下课程供给体系。二是全学段优享。聚焦龙南山区各年龄段、各群体的不同教育需求,168 名教职工组成龙南山区教育服务团。常态化派遣学前教育、南孔学堂、成长课堂、体医融合等师资团队服务山区学前教育、义务教育和中老年居民健康改善,助力龙南山区教育全年龄段普惠优享。

衢州学院助推共富的实践路径,是基于对龙南山区的高质量发展的深度思考,探索校地融合新模式,推动人才培育双向成长。一是深化了校地之间的合作,与高校开展全方位合作,培育适应龙南山区的教育人才,带动乡村地区的教育事业稳步提升。让每个孩子在家门口就能上好学校,提升人民群众的幸福感、获得感。二是共同富裕不仅包括了物质上的共同富裕,还包括了精神上的共同富裕。地区的高质量发展离不开人才的巨大贡献,而建立集群的高质量学校激活了教育在当地经济社会发展的动力引擎。学前教育是儿童学校教育的开端,孩子是家庭的中心,人们常常会为了孩子上更好的学校而举家搬迁,所以从教育上抓稳留住山区的儿童、人才是当地发展的重中之重。三是山区引进来教育资源,留得住孩子,在地区通过自身成长成为激发带动家乡建设促进山区繁荣发展的生机活力。山区孩子带动地区发展"反哺"了地区经济、文化建设。四是衢州学院基于对龙南山区的高质量发展的深度思考,不断通过提高优化教师资源,努力缩小城乡教育资源差距,力求保障符合山区的教育体系,同时不断加大对学前教育发展的投入,通过学校陆续出台推动共同富裕的举措,也间接对本校区人才培养的高质量发展提出新要求,促进学校自身的稳步发展。

注重基本公共教育服务的惠普性和发展性。此次校地合作是从社会发展来看,代表着人们对美好生活的向往,助推山区教育建设共同富裕。

通过此次合作的契机,衢州学院实验幼儿园凝聚了多方力量,正朝着创建省一级幼儿园的目标迈进,同时努力成为龙南山区教育的金名片,打造山区教育共富的新图景。

4. 硕博增效

龙南地区为推动教育事业蓬勃发展,加快高层次水平人才队伍建设,壮大民生社会事业人才队伍,大力引进硕博人才服务教育。

有人担心名校硕士、博士毕业生到县城基层工作可能造成大材小用、人才浪费的问题。首先不排除这个问题的潜在可能性,但是人才是否浪费这个问题本身并不取决于人才落于何处,关键还是看怎样用人、留人,如何实现人才的合理流动。人才的成长之路,不可或缺地经历引进、培育、成长、成熟的过程,并通过这样的过程,加速人才和社会的融合,促进人才和社会的共同发展。当社会或人才一方的标准与另一方发生较大的差异时,人才的合理流动,就成为发展的一种必然。否则,就会造成人才资源的浪费,影响社会持续、稳定、健康发展。

针对"引才难"以及"留才难"的问题,当地政府出台了一系列政策加以应对。首先,当地政府推进民生社会事业人才评价体系改革,进一步改进中小学岗位管理机制,完善按岗聘用制度,建立竞争择优的用人机制。其次,针对急需紧缺的高层次人才,设立特设岗位。鼓励优秀专业技术人员申报省、市级人才培养工程,对在岗在职并获得省杰出教师、省特级校长、省特级教师、省重点学科带头人及相应层次人才荣誉的,届期内给予每人每年 6 万元人才津贴;获得省教坛新秀、省医坛新秀、市名校长、名师及相应层次人才荣誉的,届期内给予每人每年 4 万元人才津贴。辅导学生获得全国高中数学、物理、化学、生物和信息五大学科竞赛一等奖或全国技能大赛一等奖的教师,一次性给予 5 万元奖励。加强人才梯队建设,中小学可按不超过现聘副高级职称人员的 10% 比例确定优先培养对象,每年发放 1 万元的人才津贴。

留住人才,龙南山区就要让自己对青年人才更有吸引力,不仅要拿出"真金白银",更要拿出"真心实意"。一方面,立足于人才的实际需要,从工资待遇、安居保障、社会保障等各个方面给予人才政策倾斜,在政策范围内给予人才子女入学、配套住房、配偶工作调动、医疗保健等多方面的帮助和优待。脚踏实地干实事,切实解决优秀人才的实际问题,营造尊重人才、爱惜人才的良好氛围。着力于推动关心关爱人才常态化,努力打造"引才留才用才"的人才创新良性循环模式,确保青年人才"留得住"。另一方面,要为青年人才成长提供更大的空间,让"走进来"的青年人才在社会治理、科技创新、生态保护等各个领域充分发挥积极性、主动性、创造性;总之,"小县城"要在集聚更多青年人才资源的同时,积极打造青年友好型环境,让青年人才成长与县城发展相互促进。

保持政府引进、培育人才的标准和硕博人才的才华与需求的动态平衡。一是做好人才的识别。即在引进某方面人才时,要坚持"精准引进"的原则,从用人单位的需求出发,结合实际调研科学定位人才,真正做到才尽其用,最大限度地发挥人才的优势和长处,把人才放在最能发挥其特长的岗位上,用好人才,让人才充分展示才华。二是留住人才做好保障。从人才的实际需求出发,真正了解人才的需求,在满足物质保障的同时,给予一定的精神保障,营造轻松的工作氛围,搭建出更多有利于人才从事创业的软环境,为人才安心工作创造良好的条件。三是要避免简单以学术头衔配置学术资源。要始终保持先进的工作理念,放宽视野、创新举措,不断完善人才培育机制。

硕博人才资源扶持赋能龙南山区教育高质量跨越式发展。以发展的眼光看待硕博人才引进来,让全国知名高校的硕博人才共聚一堂,立足教育,积极为山区经济社会发展献智献力。通过汇聚教育、人才和科技资源,促进知名高校、高端人才与龙南山区交流合作,共同助推山区教育高质量发展,携手探索教育助力共富发展,奋力打造共同富裕美好社会的山区样板。

推进人才要素加速集聚,为增强龙南片区发展提供重要支撑。

溪口镇以乡村未来社区为建设核心,并制定了《溪口乡村版未来社区"联创公社"双招双引政策》,以此吸引更多高校入驻、资金回流、乡贤回乡,实现人才振兴。例如成功吸引电子科技大学研发中心、曹春生专家工作站、清华大学林乐成工作室、四省边际研学研究院等入驻,进一步助力人才要素加速集聚。另外,重点发展龙南创客联盟,以"架人才回乡返乡桥梁,助人才回流引流"的想法为指导,依托创客联盟实行人才招引"一个口子",招引成功后协调安排具体合作落地的乡镇,形成"一镇三乡"人才共育体系。目前,创客联盟已经吸引了"一盒故乡"创始人姜鹏、"瓷米"吴素芬、"怀锦文化"杜晓霞、"听润"楼敏、衢州学院勤勤教育等 8 家创客入驻,为助力龙南产业的长远发展不断注入新的力量。

同时,做好"溢出—反哺—共生"价值链"育链"文章创新人才招引培育模式。一是人才引进方面。从人才发展环境、人才发展平台、政策支持体系、体制机制等维度入手,着力加大对龙南生态产业稀缺人才的引进和培养力度,以其他地区的创新户籍关系和龙南的创新贡献,打造创新性的"飞地"人才引智模式,鼓励人才带项目、带技术来龙南就业创业,培育壮大"一盒故乡""锄天农场"等品牌,为青年提供创业、住宿、娱乐平台,鼓励龙南"一镇三乡"创业青年回乡创业,创建并发展龙南创客联盟[①]。

优秀的人才资源向农村边远地区、经济相对薄弱地区流动,从而带动及辐射到更多周边地区;与此同时,周边的落后地区又反过来向

---

① 叶菡,王旭."溢出—反哺—共生"价值链视角下区域共同富裕实现路径研究——以龙游县"一镇带三乡"区域共富模式为例[J].金华职业技术学院学报,2022,22(05).

中心地区输入劳动力资源。最终形成资源共享、信息互通、优势互补的发展共同体，这也积极响应了共同富裕政策中先富带动后富的号召。通过该政策，龙南地区吸引了一批有实力的硕博人才涌入，为当地教育事业的发展注入了活力。

5. 青创增志

80多年前，"衢州六烈士"之一的李子珍，在自己的家乡龙游溪口组织"溪口联谊会"，以从事抗日救亡活动、团结革命力量、凝聚青春之力。而在今天的龙游溪口，青春联合会的年轻人提出他们的宣言："青春，是一群充满激情、充满信念的年轻人，为着乡村振兴、家乡共富、实现理想的共同目标而努力的每一次云破日出。"电商达人、匠心传承的手艺人……青年们跨界交流，镇干部出谋划策，探讨着如何用艺术振兴乡村，如何带动更多的青年回乡创业。

溪口老街的石板路两旁店铺林立，其中最引人注目的店名要数"一盒故乡"了。走进店内，面对琳琅满目的产品，例如鹅形储物盒、十几米长的巨龙、骆驼形花瓶等，到访者很难想象这些精巧绝伦的物件竟然都是竹编的，而且其中的大部分是纯手工制造。"一盒故乡"的创始人姜鹏，作为青春联合会返乡创客中的一员，是一位土生土长的龙游人。姜鹏介绍，他们邀请并签约当地竹编经验丰富的老师傅们参与创作，并将新的理念与传统竹编技艺融合，使竹产品更符合现代人的审美。

"一盒故乡"的寓意是将"故乡"装进盒子，产品主要以线上销售的方式，架起城市与乡村之间的"乡愁桥梁"。在溪口的创客圈流传着这样一句话："留住原乡人，召唤归乡人，吸引新乡人"。溪口的创客们希望将家乡的好货分享到城市去,让更多城里人走进乡村,让更多原乡人归乡,选择留下来,大家都能过上自己想要的美好生活。而创客大多挖掘当地文化传统中的一些元素,创作一些与时代接轨的文创产品,"一盒故乡"就是一个很好的例子。

与"一盒故乡"的创客类似的归乡创客还有很多:拥有 100 多亩梯田的"云小朵"张韫在农业资源开发融入了研学和文旅元素;大学就开始创业的雷雨,回乡创立了雷老弟纯粮酒坊,专心做纯粮原浆酒……大家在溪口播下了创业的种子,分享着各自在溪口的创业经验和在创业路上遇到的挫折和困扰,为共同热爱的这方水土出谋划策。

乡愁不仅召回了像姜鹏这样在外打拼的游子,还吸引了一批乡村创客,乡伴文旅驻地青年孟新花就是其中之一。2019 年,乡伴文旅着手打造溪口未来乡村,孟新花和公司一起来到这里,一待就是两年。两年来,她也被溪口的优美环境和创业前景所吸引,选择留下。孟新花带领团队积极对接"一盒故乡"电商品牌、瓷米文创,利用民宿空间展示手工艺品,带动周边手艺人的发展,同时解决附近村民就业问题。圃舍共享民宿的多位员工都是受益者,新兴企业的入驻让他们不用奔波异地,幸福感显著上升。

龙南地区"一镇带三乡"协调发展,着力打造区域共同富裕的现代化基本单元,通过培育龙南地区创客联盟,以"文创＋乡创＋旅创"实现三产融合,通过青年创客带动当地的经济社会发展。

龙南地区一镇三乡以"两进两回"为抓手打造双创集聚地。制定《溪口乡村版未来社区"联创公社"双招双引政策》,以人才回流为乡村发展引入更多的技术流和资金流,打造"创客回归,山区共富"新模式。围绕乡愁文化,建设溪口乡愁一条街,集聚乡贤回归,植入高校资源,签约乡村工匠和农户。

同时,创客开发也与当地的传统文化紧密联系在一起。溪口镇有着深厚的竹文化传统,当地竹海茫茫,拥有16000余亩竹林,毛竹一直以来是当地重要的原生态文化资源。在开发文创产品的同时,为提高当地儿童对于传统文化的认识,溪口镇针对他们开设了"竹文化"相关的课程。"竹文化"系列课程主要包括以下内容:竹纸制作课程,让孩子们能够亲身学习竹纸的制作理论,并将其用于实践,体会竹纸制作的来之不易;竹笋挖掘体验课程,在孩子们劳动的同时,对其进行珍惜粮食以及竹笋文化的教育;竹编工艺课程,让孩子们学习竹编文化,并亲手参与制作竹编,传承非物质文化遗产。

正是因为有这样一大批青年创客的入驻,溪口当地的乡土文化得到充分的开发利用,文化创意与现代服务业的延伸促进竹加工产业升级,当地居民的生活也变得更加丰富多彩。通过"竹文化"系列课程的开设,当地孩子们在这样的环境熏陶下,能够有效地参与学习以"竹文化"为代表的传统文化,在学习过程中,孩子们的身心得到成长,个人在德、智、体、美、劳五方面都得到全面发展。

越来越多青创力量的入驻,溪口未来乡村的创业创新活力进一步被激发,青春联合会里的年轻人们各抒己见,讨论着家乡的发展,探讨着艺术振兴乡村之路的道路。从美好愿景到日益清晰的"施工图",走向共同富裕的秀美画卷正在溪口徐徐舒展。"接下来,溪口将继续围绕未来乡村和城乡风貌样板区两个最小的共富单元,搭建好龙南青春联合会、浙里未来乡村学院等平台,吸引更多年轻人返乡,共建乡村。"溪口镇党委副书记缪晨晖表示。

6. 共建增信

2019 年浙江省政府工作报告首次提出"未来社区"这一概念,这是继"千万工程"之后,又一个推动浙江经济社会高质量发展的"招牌动作"。

"乡村未来社区"这一理念旨在打造人本化、生态化、数字化的新型生活单元。衢州市在全国率先启动了乡村未来社区试点建设,以人为核心,紧扣"围绕人本化、生态化、数字化,依靠原乡人、归乡人、新乡人,通过造场景、造邻里、造产业,实现有人来、有活干、有钱赚,体验乡土味、乡亲味、乡愁味""五个三"关键要义,在全国率先编制并且对外发布国内、国际两套指标体系与建设指南,推行"服务中心、邻里中心、健康之家、创业家园"等 4 项标配加 X 项特色内容的建设配置,构建"未来文化、生态、建筑、服务、交通、产业、数字、治理、精神"等场景,打造集"自然味、烟火味、人情味、生活味、乡韵味、人文味、农业味、诗画味、科技味"于一体的现代化、国际化的共同富裕社区样本,打造乡村未来社区"衢州样板"。[①]

2020 年,衢州学院与龙游县政府以及溪口镇政府达成战略合作框架,共建龙南地区普惠教育综合体——浙江(龙游)未来(乡村)社区学院。落户于龙南地区溪口镇的乡村未来社区学院,作为全国首个乡村未来社区学院,无疑填补了国内在这一领域探索的空白。同时,溪口镇乡村未来学院的建设,也成为校地合作的一个典范。经过

---

① 杨宗辉,刘秀峰.南孔圣地擘画乡村未来画卷——记浙江衢州乡村"未来社区"创建[J].农村工作通讯,2021(11).

几年的探索与实践，乡村未来社区学院成果斐然。

该社区学院通过着力打造"四中心"——幸福产业研究中心、景观规划设计中心、地方文化研究中心、美丽经济培训中心以及"六基地"——思政实践教学基地、新媒体营销综合实验基地、写生基地、创客基地、外国语言文化教学实践基地、爱国主义教育基地的伟大建设，在逐步提升当地文化景观的同时，进一步挖掘地方文化，并结合时代特征，融入思政教育、"互联网＋"等元素，有效提高了当地居民的综合素质。

同时，乡村未来社区学院重点围绕龙南文化挖掘、职业基础教育、体育基地与赛事、笋竹产业转型升级、IP文创深化、校地融合"学研创一体化"、溪口老街经营模式实践等乡村未来社区相关课题深化研究，着力提升当地居民的整体素质，构建本土人才教育培养体系，以乡情乡愁为纽带，通过有效的激励措施和相关人才引进政策，引导乡贤、青年大学生以及高层次水平人才等向乡村集聚，并吸引科技、资金等资源要素向乡村集聚，实现"两进两回"。

乡村未来社区产业发展，民俗经济是一种代表性新业态，基于此衢州通过"造场景、造邻里、造产业"等举措，升级"有人来、有活干、有钱赚"的乡村生产生活方式，让产业在富有乡土味、饱含乡愁味的基础上，为农民带来更高的收益。

从这方面来看，龙游县溪口乡村未来社区有着"竹够好吃""竹够好用""竹够好玩""竹够好看"的巨大优势。基于龙南片区40万亩竹海的自然生态优势，溪口乡村未来社区因地制宜发展竹产业，利用"一盒故乡""无人超市""乡愁博物馆"等"虚实"空间，吸引众多高质量的竹加工企业入驻,继而开发生产尖端的竹制品,开发"溪口 IP"系列文创产品,将竹制品艺术化,并通过富含"竹元素"的民宿景点等的建设,不断实现其价值的落地性,逐渐形成竹产业第一、第二、第三产业融合发展格局。

依托现代农业产业园、未来农业示范园,乡村未来社区将推动传统农业向数字农业转型升级,让"科技范"渗入农业带动农民增收致富。如下淤未来社区的草莓种植孵化园里数字化的温湿度控制器、自动化排风孔等数字科技设施一应俱全。

同时,人才也是产业落地与发展的"助推器",衢州各乡村未来社区注重"筑巢引凤来",营商环境、生态自然、政策感召是吸引众多人才落地的重要因素。龙游县把"两进两回"作为重要抓手,通过吸引青年创客回归,与衢州学院等高校合作等模式,实现双方"校地合作、产学共赢"。同时,在依托高校资源基础上,引入专家、教授,签约乡村工匠和农户,由专业人士带动乡村工匠和农民们一起创业。

"绿水青山就是金山银山。"衢州未来乡村社区建设坚持生产生活低碳环保,山水林田生态自然,致力于打造"诗画浙江"大花园最美核心区。

牢牢把握这一基本,近年来下淤村以"治水造景、强村富民"为目标,坚持"农业＋产业＋旅游＋文创"四轮驱动,连接打造钱江源未来农业园、艺术家基地、中蜂体验馆、汉唐香府、水上乐园、乡村音乐节等多个热门 IP,通过污水治理、垃圾分类、修缮闲置农房建筑等,不断从美丽环境中获得美丽经济,将美丽环境转换为美丽经济,将寂寂无闻的"打工村""无名村"打造成全域秀美、生态富美、和合共美的

"景区村""网红村",创造了"百亩水岸胜过千亩良田"的下淤神话,用鲜活的事例印证了"绿水青山就是金山银山"的理念。①

---

① 杨宗辉,刘秀峰.南孔圣地擘画乡村未来画卷——记浙江衢州乡村"未来社区"创建[J].农村工作通讯,2021(11).

四、"接富祛贫":深化推进山区 教育共富的对策建议

(一)深化山海教育协作,"接""沿海"之富, "济""山区"之穷

区域校际交流合作是不同地区学校间的教育和学术交流活动,在联络感情、互通信息、交流协作、落实实践、资源共享的过程中实现双赢,合作在双方可持续发展中发挥着关键作用。其中,"强校带弱校""接富祛贫"式教育互助是将优秀教育资源更多、更有效地辐射到山区教育、推进山区教育共富的有效措施。

1. 促进校与校之间紧密合作

"山海协作"工程在教育方面的体现主要就是不同地区校际的合作、协作,各区各县要积极引导"沿海"富校与"山区"穷校进行结对合作,将富校的教育资源辐射到山区学校,以富校资源带动山区教育,政府积极出台各项合作共赢政策以促进校与校之间的合作,从而有力地推进山区教育均衡化、教育共富的发展进程。如此,在促进校与校之间合作、协作的过程中,需要打通以下两个环节,以促成良好闭

环的形成。

（1）建立完备的制度保障机制

首先，需要各区各县的政府及相关的教育或文化部门充分发挥其正向引导功能，建立起一套比较完备的"强校带弱校"的制度保障机制，加强机制建设，细化保障措施，这是促进校际合作的基本保障，也为促进校际的合作夯实政策基础。其中的协作激励机制和责任保障机制，是我们在构建"强校带弱校"的制度保障机制中的重要组成部分。协作激励机制，就是指政府及相关的教育文化部门要给双方学校提供有力的支撑，覆盖资金、文化、技术、政策等多方面，为校际的协作搭建沟通的桥梁。在此基础上，营造良好的文化氛围，激发校际交流、师资交流、文化交流的主动性和积极性，从而不断地为校际交流注入新活力。而责任保障机制亦是促进校际合作长远发展的重要一环，以划分、明确双方学校的责任为主要内容。例如，富校提供什么帮助，如何提供帮助。相应的，山区学校接受什么帮助，如何接受帮助，在接受的过程中如何实现有机的结合等①。此外，还有人员协调机构、职责监督机构等的建构都是在这个过程中需要关注的点。最终以校际的保障机制为基础，在校与校之间的长期协作中推动双方的可持续发展。

（2）建构教育共同体

此外，构建教育共同体是推动校际合作的关键点和有效措施。山海教育协作中的校际合作，即"接""沿海"之富、"济""山区"之穷的"强校带弱校"的教育合作模式。这种教育模式并不意味着优势学校

---

① 傅树京.以"强校带弱校"促进义务教育均衡化[J].教育家，2020(25).

的过度付出,也不是弱势学校的一味获得。而应该是指,要努力实现强校的教育资源到弱校交流即强校将优秀的师资、教学资源、先进的文化理念带到弱校,弱校到强校交流,主要是弱校的教师在强校学习和培训,并将强校的优秀教育资源带回弱校。不难看出,这个教育模式实际上是通过构建教育共同体的形式,在校际交流合作的基础上,达到帮助弱校教师提高专业化水平的目的,也促进了强校教师在把握教材、研究教法等方面的能力,使参与双方都成为"受益者",达到共同提高的目的[1]。综上,构建教育共同体,需要双方学校都积极发挥作用,主动融入该教育模式下的共享机制,推动双方深入联系以及合作,让优秀师资充分流动起来的同时,有力地推动山区教育环境的改善和教育水平的提高。同时,打破学校之间旧有的竞争关系,推动校际合作的深入,促进双方学校共同发展,实现互利双赢。

2. 调动"富"校资源接济"穷"校

教育资源亦称"教育经济条件",是教育人力资源、物力资源和财力资源的总和,优秀的教育资源更是推进教育扶贫的关键支撑点。立足于教育实际,面对城市教育"巨型化"、山区教育"空心化",教育资源资源配置不均,调动"富"校资源接济"穷"校是深化推进山区教育共富的重要保障。正如温州鹿城区和泰顺县的合作,继续深化"名师空中课堂""共研共修""同步课堂"等具体措施,积极响应国家以及各区各县资源配置政策,努力创新新型高效的模式,充分发挥富校的教育辐射作用,调动"富"校的优质师资、优质教学设备、优质课程等

---

① 孙军,李雨生,张清迪,徐峰.青岛即墨市蓝村镇成立"小学教育共同体"统一安排培训和结对帮扶——乡镇校际联手实现资源共享[N].中国教育报,2007-02-14(02).

等走向山区学校，助力山区教育优质发展。但结合实践情况，我们不难发现在校际交流的过程中，仍然存在着阻碍教育资源互通的因素。单一的资源教育互助方式是缺乏针对性的教育互助模式，也是缺乏科学考核体系的教育互助体系。在总结理论和实践经验的基础上，需采取有效措施打破阻碍资源互通的壁垒，以扩大优质教育的辐射面，从而实现优质教育资源的有效流动。

（1）多元化教育资源的"无间隙"共享

传统观念中简单的挂职式结对帮扶的教育互助是"富"校对"穷"校的单一资源互助，从本质上看这种互助方式仅仅停留在形式上，因为违背了教育交流、互助的初衷和要求，已被时代所淘汰。随着时代和教育的发展和进步，教育资源日趋多元化。对此，相应的，通过教育资源的"无间隙"共享以实现教育互助的多元立体化教育模式是值得现代帮扶学校去探索和建构的。在这一教育模式下，教育资源可以是师资力量的补充，可以是教学资源的丰富，可以是教学设备的更新，也可以是学校管理的优化等等。换句话说，弱校需要哪方面的帮扶，强校就努力对那个方面进行帮助[①]，互助进步的原则贯穿于全过程。同时，定期交流、教研一体活动、资源的共享形式的更新等亦是这个教育模式不可或缺的几个重要的具有建设意义的环节。如此，双方学校通过多个层面的真诚交流，把心连在一起，促使两校肩并肩、手挽手共同发展。综观全过程，可以发现，在这个教育模式下，教育互助是多元化、全方位的。由此，在多元化教育资源的基础上，资源的共享在校际合作中日趋常态化，无形中为营造良好的文化环境

---

① 李福忠.推进教育均衡，可"立体化"帮扶[J].教书育人，2017(25).

以及形成良好的互助关系奠定了基础,更为校际合作过程中资源的流动提供了动力,推动教育资源"无间隙"共享的实现。在实现教育资源"无间隙"共享的同时,达到双方学校的互利双赢,促进教育生态良性发展。

(2)精准定位,有针对性地进行帮扶互助

"强校带弱校"的校际合作模式是一个整体的抽象概念,而被帮扶的弱校则是一个个具有地方特色的具体个体。不同的经济发展状况和人文地理因素塑造了具有地方特色的不同区域学校环境,也造就了不同的教育需要。在这一背景下,在"强校带弱校"的教育模式中,针对被帮扶学校的实际教育情况,"对症下药"显得尤为重要。"对症下药",既促进了优秀教育的有效流动,又正向推动不同教育资源流向最需要的教育区域,实现教育资源高效高质流转,优化了区域教育环境。正所谓,实践是引领一切走向胜利的首要保障。对此,在教育互助活动开始前,帮扶学校应提前组织好一支调研帮扶小队,在规划时间内切身参与被帮扶学校的教育教学,以小组分工合作的方式实时开展较为全面的调研活动,并记录总结被帮扶学校的教育实际情况。深入挖掘被帮扶学校教育发展过程中的困难和问题,例如优秀师资生源的匮乏、教育基础设施的落后抑或是教学资源的空缺等等。精准定位帮扶学校的实际教育需要,实现"富"校资源接济"穷"校活动的高效化。另外,立足于实践调研,以双方学校共同参与的形式替代帮扶单向,针对实际教育问题,在协商一致的基础上制订帮扶方案。当然,在制订帮扶方案的过程中,应该尊重被帮扶学校的意见,先由弱校列出需要帮扶的内容,然后由强校根据调研结果结合帮扶学校的需求确定帮扶内容。其中,对于弱校提出的要求,在条件允许且实践价值比较高的情况下，强校应尽最大努力给予其帮助。

（3）落实规范化的实时考核评价制度

立足于实际，校与校之间合作、"强校带弱校"的教育帮扶计划是一个长期活动。因此，有效保证教育帮扶计划实现长远的可持续性发展，同时为了提高教育帮扶活动的效果、落实帮扶计划，促进优秀教育资源高效流动，将规范化的实时考核评价制度贯穿于教育帮扶活动的全过程中，就显得尤为重要。以此构建一个较为完善的捆绑式考核体系，将双方学校纳入动态化的考核体系，推动双方资源互通，由此不断扩大优秀教育资源的辐射面。在整个动态化考核体系中，应贯彻捆绑式双向考核的原则，在双方协商一致的基础上提前确定好考核指标、组织好相关考核部门、配备好考核人员等。在考核帮扶学校时，要把它们对弱校的投入、帮扶情况及弱校的办学水平、教育教学质量是否有所提升作为考核的主要内容，以此在促进双方友好协作的基础上，提高帮扶学校对被帮扶学校的支持力度。在考核被帮扶学校时，应将帮扶前后生源面貌、师资质量、教学水平等变化纳入考核标准，动态化地考核，以提高各校及其教师群体的主观能动性，正向引导推动教育生态良性发展。另外，在整个考核体系中，也应该设置考核后的反思机制以及相应的奖励与惩罚措施，以定期的线上线下交流作为贯彻渠道。如此，形成良好闭环，通过对多元标准的动态考核反馈平台的建构，双方学校落实规范化的实时考核评价制度，并达到常态化，有力推动打造双方学校良性发展、共同进步的新格局。

3. 借"富"校之力助推"穷"校之特色发展

深化深海协作,"接""沿海"之富,"济""山区"之穷,寻求"富"校的帮助以及与其合作是促进山区教育共富的主要推动力之一。城乡学校捆绑式教育模式、集团化办学模式、学区化办学模式等都是"强校带弱校"推动山区教育共富的合作发展模式。究其本质,是"合作"二字。通过合作,给被帮扶学校或者给山区教育带来了优秀的师资、丰富的教学资源、先进的教育教学技术以及吸引了更多优秀的生源等。通过合作,有力地推动了山区教育基础设施的完善以及对优秀教育资源的吸收,各区域的"穷"校也取得了一定成绩。但回过头来,还是立足于"合作"二字,可以发现其中还存在一系列问题。究其原因,主要是有相当一部分被帮扶学校对帮扶学校产生了依赖心理,这显然违背了教育互助的原则。在教育互助模式下的校际合作、交流,是"求同存异""和而不同"的合作,而不是走"同质化"的共同发展道路发展。此外,尊重各区域文化差异也应该是学校合作的基础和双方需遵守的准则。

综上,教育互助为山区教育的发展进步提供了平台和支持,但只有被帮扶学校立足于自身的实际教育情况深挖教育特色,走独立自强道路,才能为自身的教育发展提供源源不断的内生动力。这就要求被帮扶学校能在吸收优秀教育资源和借鉴先进教育经验的基础上,立足于实际,挖掘学校的文化底蕴,探索适应自身发展的教育教学模式。同时,把握好教师和学生两个主体,努力塑造特色校园文化,为校园文化建设营造良好的文化氛围,打造立德树人的育人环境,在谋求师生群体共同全面发展的同时,重视对个性化教学的探索,推动学生个性化发展。如此,在谋求山区教育特色发展的同时,积极响应国家对提高文化自信的号召,提升教师群体的归属感、师生群体的文化自豪感,进一步探索山区共富更有效的实践路径。

(二)深化数字教育普惠,"接""举国"之富,
"济""一隅"之劣

跨越空间,共享资源。随着"互联网＋"技术的不断发展,"互联网＋义务教育"模式正在不断被挖掘,在城镇当中,数字化教育已经基本普及,虽然乡村、山区与之还有巨大的差距,但也已经初步发展。深化数字教育普惠,其目的之一便是共享优质教育资源,数字化时代,信息资源的传递已经跨越了时间和空间,不再受地理距离的限制以及时间的限制,通过互联网技术,城镇优质教育资源能够传输到山区学校,为山区学生带来良好的教育。推进数字赋能教育普惠均衡发展要关注四个方面:以数字化视角更新教育资源观、夯实教育数字化基础设施、坚持以人为本建设教育数字化场景、以培养公民自觉性促进教育资源均衡发展。[①]

1. 以数字化视角更新教育资源观,集零为整

教育数字化意味着教育资源不仅限于课本、教师、教室等物质形态,还包括了不同时空的电子材料,各种碎片信息的集合,让偏远的山区小学也能享受到千里之外的各种先进课程资源。这对教师、学

---

① 徐慧萍.以数字赋能推动教育普惠均衡发展[N].浙江日报.2022-08-01.

生及教育管理者的数字化能力的培养提出了要求,需充分利用数字化技术,改变传统的教育思路和流程,树立数字化意识,实现数字思维引领的价值转型。

2020 年因新冠疫情开发出的"名师空中课堂"就是典型。首先该模式利用互联网跨越时空的特点,利用线上直播技术以及录播技术,进行直播课堂教学以及录制课程便于回放,这让山区的孩子能够接受全国各地的优秀教师的教育资源;其次是教育网络资源库的建设,能够让山区孩子跨越时空限制,获取想要得到的信息资源;最后是"双师课堂",以衢州市开化县城东小学为例,在其中的一节三年级英语课上,有两位教师,一位是台前的城东小学英语教师张老师,另一位则是"隐身"在网络的杭州市拱墅区青蓝小学英语教师祝老师,她在线听课并向张老师传授自己的"秘籍"。这是空中课堂与现实课堂相结合的一种新型模式。还有湖南省永州市下马渡镇市门前小学,地处山区,在校学生不足 20 人,师资力量相对薄弱。但这新学期开学,市门前小学正通过多媒体设备与城里的民生小学同步开展"云上读书分享会"。课堂上两地师生"隔空问好",共同分享寒假期间参加快乐阅读活动的心得体会。一块屏幕连接了城乡两个课堂,两地的同学们同上一堂课,共享教育资源。学校还开设了一门名为"玩转节奏"的趣味课程,同学们跟随视频中的老师学习杯子舞,练习节拍感,玩得不亦乐乎。线上老师讲授,线下老师组织课堂互动,类似这样,学校已经引入了"探秘人工智能""中国象棋入门"等十多门素质课程。数字化教学条件的不断改善,有效助推了城乡教育的均衡发展。

2. 夯实教育数字化基础设施，深化合作

综观世界文明史，人类先后经历农业革命、工业革命、信息革命，每一轮科技革命都孕育出新的基础设施，并进一步推动产业变革向纵深发展，引领新的经济转型升级。欲筑室者，先治其基。巩固数字基础设施建设这个信息时代的发展基石，能够让山区的孩子享受更好、更先进的教育教学资源，是时代的要求和教育公平理念的落实。山区地广人稀，容易出现缺少教师的情况，不断深化加强此类有效做法是实现山区教育共富的希望。在教育资源观升级后，要关注教育数字化转型的关键驱动要素数据，建立易用、可用、好用的数字教学平台和工具，为数据采集和平台的操作提供基本保证。

2023 年 5 月，西藏自治区政府大力推进"互联网＋教育"，提出"一朵云""一张网""一块屏"的观念，以西藏教育珠峰旗云平台为载体，建立优质教育资源共享渠道，已有资源 27 万套，资源平台汇聚了国家智慧教育平台、统编三科教材、人教数字教材、专题资源、地方资源、学科竞赛等教学资源和电子图书、电子期刊、有声书屋、视频导读、分级阅读等数字图书资源，供全区师生免费使用，在平均海拔4000 米以上的高原冻土之上形成覆盖面超大的云课堂。全区 3409所学校实现教育专网全光网接入，中小学宽带网入校率达到 100％，稳定的学校网络为优质教育资源向一线学校辐射共享提供了强有力的支撑。

由此可见，基础设施建设是推进数字教育的基础。建设 5G 基站，实现全区 5G 网络覆盖，加快推进"双千兆"网络部署，为"数字西藏"建设夯实了底座。打通 5G 应用创新链、产业链、供应链，协同推

动技术融合、产业融合、数据融合、标准融合,打造 5G 融合应用新产品、新业态、新模式,为经济社会各领域的数字转型、智能升级、融合创新提供坚实支撑。基于人工智能的探究式、个性化教学,通过增强虚拟现实等技术的沉浸式、体验式教学和新一代通信技术的远端多点协作式教学,发展区块链技术的优质资源分享机制、元宇宙技术的游戏化学习范式和低代码轻应用的用户参与建构的教育教学新生态。在教育领域,以 5G 为代表的信息通信技术加速与教育融合赋能,促进教育模式变革、教育生态重构和教育理念更新,有力地支撑了教育数字化转型,数字教育在山区得到快速发展。

3. 坚持以人为本建设教育数字化场景,推动教育教学创新

教育数字化的建设要促进人的发展,关注数字素养"软"建设。教育的作用不仅是职业选择,更重要的是"使人成为人",数字化场景建设要坚定以人为本的初心,结合时代发展和立德树人的目标,探索更多走出课堂、走出教材的数字化场景,让学习领域向经济、文化、社会、生态文明等多领域拓展。山区学校受到现有的设备条件限制,往往教学效率比城市低,而且缺乏学科以外的美育、德育培养活动课程。通过教育数字化把全国各地的资源课程输送过来,给教师教学专业素养方面的提升提供"脚手架",让学生站在人工智能等技术的肩膀之上学习,实现从专业能力、学科素养到综合素养的系统性提升,为学习减负增效。

借用数字经济发展路径的表述,教育数字化转型的核心应该是促进教育全要素、全业务、全领域和全流程的数字化转型。"全要素"涉及教与学过程中的各个要素,包括培养目标、教育内容、教学模式、

评价方式、教师能力、学习环境等；"全业务"涉及教育管理过程中的各个方面，包括发展规划、课程教材、教师发展、学生成长、科技支撑、教育装备、国际合作、教育督导、教育研究等；"全领域"涵盖基础、高等、职业、成人与继续教育以及社会培训等教育领域，同时兼顾城市和农村等地域均衡公平；"全流程"则是人才培养的全过程，包括招生与选拔、教学与课程、培养与管理、升学与毕业等。

驱动教、学、管、评等教育场景的数字化进程，以学习者为中心，指导其在最具天资、最感兴趣的领域，用最为科学、最为有效的方式自主学习，使个体价值在社会上发挥最大的效用，让人的全面、个性化发展成为现实。建构大规模的个性化自主探究学习范式，借助数字技术发掘学习者的潜质，激发兴趣，聚焦人的全面、健康、快乐成长，设计更具弹性的学制，学生基于实践和教材的认知过程交错呼应，身心健康并重，德智体美劳"五育"知行合一。将工业社会备用式的知识学习升级为学习者能力的建构，这些即用即查的知识在未来将逐渐从教育内容中被剥离出来，数字意识、计算思维、数据治理、综合创新能力等构成了新的教育内容的主体。

改变学校评价机制，探索建立个人数字学习档案，利用教育数字化完善学分银行制度，推广在线课程学分认定与管理机制，畅通学习者通过跨校学习、在线学习等积累学分的渠道，促进山区学生形成终身学习的动力。

4. 以培养公民自觉性促进教育资源均衡发展

同全球数字化历程相同，随着计算机技术、互联网技术和人工智能、大数据技术的出现，教育数字化也分别经历了与之相对的三个阶段。在前两个阶段,教育数字化更多地体现在资源共享、效率提高等工具性上。发展到今天,随着数字化技术在传统物质世界、精神世界之外构筑起了全新的数字世界,除了资源共享,教育如何帮助学生获得适应新世界的生存发展能力也变得日益重要。除了买一些设备,开设一些新技术、新概念的课程,还要加快实现教育内容和教学过程等教育流程的数字化再造,让学校作业实现从"学了什么"变为"如何学得更好",通过转变教学和评价模式,帮助学生用好这些技术工具。数字化能力建设很重要,无论如何转型,教育的关键还是在学生、在教师、在教育管理者,培养学生、教师及教育管理者的数字化能力,是数字化转型的基础。

坚持依法治教,提供教育数字化的法治保障。我国的教育数字化转型仍处于起步阶段,应对教育数字化问题尚缺乏法律依据,因此,政府要加快树立公民法治观念并健全教育数字化法律法规体系,使我国教育数字化步入制度化、规范化、法治化轨道。坚持教育数字化的公益属性以推动教育资源的均衡配置,让文化之窗向山区的孩子们敞开。在四川省广元市青川县七佛乡中心小学,企业与公益基金会共同推出了数字化公益课堂项目,用数字化技术打破学校教具的局限,组织师生代表走出去,参观成都博物馆、四川科技馆等文化科技场馆,到企业云计算基地感受云课堂创新力量,担起了传播数字教育力量的社会责任,让数字化有了温度。

伴随着我国政府对教育投入的不断加大,山区中小学的办学条件得到了显著的改善,尤其是在数字化教育资源建设方面更为突出,但是这些资源在山区中小学应用的效果如何呢?利用效率多高呢?对教学起到的影响有多大呢?这一系列问题都值得思考。在信息化教育环境下，教育资源有其特殊的含义。数字化教育资源具有可用性、系统性、交互性、情境性、易得性、丰富性等基本特征，数字化教育资源的共建共享有利于缩小不同地区教学资源的差异，实现教育公平、均衡发展。因此，如何行之有效地推进资源的共建共享是每一个人都应该思考的问题。

教育数字化是适应数字时代降临的教育准备。数字时代是一种全新的经济社会形态，将对工业革命以来形成的班级课堂教学模式产生变革性影响，在教学上解决规模化授课下的因材施教问题，在学习上实现人人能学，时时处处可学。实施教育数字化，可以构筑满足全民终身学习需求、开放灵活、可持续发展的学习型社会新格局；数字化为教育的高质量发展提供了现实可能性，加快数字化转型，发展智慧教育，强化更高质量、更加公平、更多选择、更加便捷、更加开放、更加灵活的教育供给与服务，可以满足人民群众的高品质、个性化学习需要。

面对社会全要素、全流程和全领域的数字化，教育数字化转型迫在眉睫。通过教育数字化改造，建立起泛在学习场景和实施多元混合式教学；进而深入教育本质内涵，带动教育形态和模式变革；最后建设成学习型社会和教育强国。教育数字化转型将助力推动实现整个社会的数字化转型发展，让山区的孩子也能享受到丰富的资源。

（三）深化高校师资下沉，"接""大学"之富，"济""小学"之穷

师资力量是教育高质量发展的"源头活水"，分析目前贫困山区

与城镇地区的教育现状,优质的师资和教育资源不均衡造成了巨大的教育鸿沟,贫困山区对于优质教育资源的需求和当地低水平供给之间的矛盾,归根结底是师资力量的不均衡。因此,深化高校师资下沉,把高校好的教育资源带到贫困山区,让优质的教育资源均衡地惠及每个家庭和孩子是教育工作者努力的方向。

1. 加强高校与山区学校合作

现如今,各个地区都具有相应数量的高校,而高校作为教育的最高学府,具有相对丰富的教育资源,规模庞大,师资力量丰富且优质。近年来落实了各项乡村振兴项目,高校中开展了各种比赛,学校与各地山区进行了多次紧密的合作。以衢州市为例,衢州市高校衢州学院与龙游县溪口镇村进行了多次紧密的校地合作,并且衢州学院开展的普惠教育项目在溪口镇村落地,大量师范生以及高校教师下乡进行普惠教育,为山区的孩子开展丰富的课程,充分发挥高校师资人才资源,通过在龙游县溪口镇龙南山区建立"三全三赋三文"系统化校地合作模式,该模式取得了良好的成果,帮助龙南山区提升教育水平,逐渐实现教育共富。

因此,各地各区高校要积极响应政策,关注周边山区的教育,加强与山区学校的项目合作,尤其是师范院校以及师范生,应积极参与此类活动,为山区教育奉献力量。

2. 深化高校教师支教系统

乡村支教是一个非常有效的帮扶山区的教育措施,高校教师资源丰富,政府积极与学校合作沟通,结合当地实际情况,基于国家支教政策基础,建设互利共赢、更加完备且符合当地情况的支教系统,如今"互联网十"技术发展迅速,高校利用互联网技术,积极搭建支教平台,提供更优质的支教服务,并且与政府协作,针对支教教师给出更有吸引力的福利待遇。

此外,积极建设研究生支教团,师范院校具有大量优秀研究生,相比于在读本科生,研究生课业相对较少,经验更加丰富,更适合支教。创新支教方式,合理利用线上线下双教师支教模式。

3. 优化师范生顶岗支教

师范生顶岗支教是解决贫困农村或偏远山区及经济欠发达地区师资匮乏的有效途径,是阻断贫困代际传递的重要举措。顶岗支教是指高校选派师范生深入贫困地区或偏远山区等经济欠发达地区进行为期一学期的教育实习,实现教育实习与扶贫支教相结合的教育实习模式。[①]

多年的实践表明,顶岗支教搭建了地方高校与贫困山村密切联系的桥梁,构建了师范生下乡的实践平台,是师范专业学生教育实习模式的改革,为地方高校引导基础教育参与教学研究提供了现实可能,也为贫困农村和山区教育扶贫提供了智力支持。

为确保师范生顶岗支教良性发展,当地政府、教育部门、高等院校、实习单位间应加强相互交流与合作,形成联动机制。在师范生顶岗实习的过程中需要加强对支教学生的岗前培训,建立顶岗支教双向评价机制,同时加强地方高校对顶岗支教工作的监督管理,建立稳

---

① 陈艳玲,张璐,李立军.精准扶贫视域下地方高校师范生顶岗支教的现实困境及路径选择[J].宁波教育学院学报,2023,25(01).

定的经费保障机制,各部门加强合作与资源共享,实行联动机制,实现多方共赢。

4. 促进师范生进山实习

课堂实习是师范生必不可少的环节,而现阶段大多数高校学生实习都是就近实习,基本上都是在城镇小学实习,并且城镇教师针对实习生进课堂进行实际课堂教学或多或少具有一些抵触心理,害怕耽误教学进程等等,而师范生进山区实习是一个十分有效且互利的措施,既能给山区教育带来新的活力,又能提升师范生的业务能力。

要促进师范生进山实习,首先,要加大力度进行公益性支教的宣传,各高校可以利用社团、公众号、网络平台等途径进行大面积的宣传,这样学生才能够多方位了解公益性支教;其次,完善教育法律政策,地方政府参与支教政策的决策方面是受限的,而过分的集中决策极易产生权力的腐败现象,因此支教政策需要进行完善和优化,考虑教育多元化以及多重利益主体。

5. 组建高校志愿服务团队

在探索提高贫困山区的教育质量的路径时,高校志愿服务团队是无法替代的角色。高校组织志愿团队、搭建志愿平台、发动学生志愿者积极参与,在一定程度上满足我国精准扶贫和精准脱贫的国家战略需求,符合现阶段社会发展所需。①

---

① 刘淄怡.高校志愿服务团队参与贫困山区支教研究[D].徐州:中国矿业大学,2020.

为完善高校志愿服务团队参与贫困山区支教,首先要完善志愿服务团队的组织架构,提高管理水平,为志愿者们创造良好的教育环境;还要加强志愿活动监管,完善安全机制,了解志愿者的需求并尽量形成更具有针对性的激励措施,将积极的肯定融入学生支教的各环节,提高志愿者的信心,不断增强志愿者的价值感、成就感,为实现共同的目标而奋斗。

6. 完善交流轮岗激励机制

教师轮岗交流政策对统筹城乡义务教育资源均衡配置、促进义务教育学校均衡发展以及推动整个社会的教育公平具有重要意义。

为打破困局,高校在开展贫困山区教育扶贫工作时,要激发教师工作的积极性与活力,完善交流轮岗激励机制,在政策层面要弘扬尊师重教社会风尚,维护轮岗教师权益;进一步落实激励措施,为轮岗教师提供管理保障;提倡轮岗自主性,重视教师内在动力;加强轮岗制度建设,强化监督考核与评价机制;学校层面要重视流出校骨干教师的示范性,发挥轮岗交流导向作用;加强流入校人文关怀,促进轮岗教师专业发展;教师层面要提高专业素养,增强职业责任感与使命感;调整职业心态,积极主动融入轮岗交流。

7. 加大教育设备捐赠力度

随着教育的发展、贫困山区义务教育的普及,教学场所等硬件设施有极大的提升,但由于人员、资金等多方因素的制约,贫困山区中小学的电子数码设备、图书影音资源等依然十分匮乏,距离满足开展正常教学的需要还有很大的距离,这些相对落后的教学设施,使许多贫困山区的学生接触到的知识较为单一、视野拓宽受到限制,在获取教育资源方面仍处于劣势。

因此,高校在参与贫困山区教育扶贫的过程中,针对扶贫地区学校的实际情况,可投入部分资金用于当地学校教学楼、教室环境的建设和住宿条件的改善,还可通过各种手段和形式完善当地教学设施,利用外部资源,积极联系相应的企业、组织机构承担其应有的社会责任,在适当情况下,向贫困山区捐赠适量电子设备、图书等,丰富当地的文体生活。

8. 构建贫困山区教师培训平台

通过调查发现,贫困山区尤其是极度贫困的地区,代课老师占比较高,教师队伍具有极不稳定性,来自城镇或其他县区的年轻教师很难扎根贫困山区。由于师资力量不稳定,教师个人教学任务增加的同时,其教学也没有专业可言,部分教师身兼多职,承担多门课的教学任务,既增加了教学的难度,教学质量也很难有保证,这些都在很大程度上阻碍了贫困山区教师队伍的稳定和教育质量的提升。

为提高贫困山区中小学教师队伍的教学素质,高校可为贫困山区教师搭建城市和山区沟通的桥梁,采用"走出去"和"引进来"的方式,为贫困山区的教师提供学习交流的平台。如定期组织有丰富教学经验的优秀师资队伍进入山区,通过听课、评课等方式,帮助山区教师改进教学方法;利用寒暑假邀请专家进行教育培训,组织贫困山区的教师到高校学习先进的教育理念,提高师德修养等,为贫困山区的教师提供学习和交流的机会,助力自身发展。

9. 充分发挥校友资源优势

校友资源是高校进行教育扶贫极大的优势,校友网汇聚了市场、资金、信息、技术、人脉等资源,这也成为高校进行贫困山区教育扶贫工作强大的推动和牵引力。[①] 高校推进贫困山区教育扶贫不仅是指校内资助活动的丰富性,还指联动社会各界所形成的多维育人机制。高校参与贫困山区教育扶贫应不局限于校内资源,还要放宽视野,以高校为中心,加强与贫困山区、社会企业、公益组织的沟通合作。

在实现高校师资下沉的过程中,可以依托校友企业,凝聚校友力量,直接对接地方需求,高校可以在了解贫困山区学生的真实生活状态和家庭经济情况,充分把握贫困山区教育需求后,将情况反馈给社会各界,建立精准育人资助体系。以高校作为媒介,积极动员争取更多的单位、组织及个人,寻求社会各方的参与和资助,深化拓展教育扶贫模式,为帮扶地区引入更多的资金、物资和人才援助。

10. 搭建与外界沟通的桥梁

在贫困山区教育发展存在教师队伍稳定性差、教育资源匮乏、教育观念落后、教育基础设施不完善等问题,从而影响了山区教育的教学效果和教育质量,不利于学生的全面发展,因此学习条件不好、家庭对教育不重视、老师较少关注、学习成绩较差和有不良行为等问题是贫困山区学生存在的问题。推进贫困山区教育问题的持续解决,是社会主义社会公平的体现和整个社会的可持续发展需要,是保障

---

① 严瑾.高校精准推进定点扶贫的实践理路——以南京农业大学为例[J].中国农业教育,2021,22(01).

社会稳定与和谐的必要条件。

高校要为贫困山区的学生搭建走向外界社会的桥梁,高校在帮扶贫困山区教育脱贫的工作中肩负着"脱贫"与"育人"的双重责任,高校可通过校企合作、建立山区实践基地等方式让贫困山区的学生接触到外界丰富的资源,从课内延伸到课外,帮助贫困山区的学生们树立良好的世界观、人生观、价值观,不断帮助他们丰富精神世界、提高适应环境的能力和社会实践能力,帮助其成为"勤学、修德、明辨、笃行"的人,从而改变命运,将来更好地回报社会。

11. 促进教育扶贫内容个性化

目前一些高校的山区教育扶贫工作浮于表面,脱离农村的实际情况,缺少对贫困山区实际情况、教育现状、发展需求的深度调研分析,未把握住贫困山区教育发展的痛点和难点,在扶贫工作开展的形式上生搬硬套,内容方法雷同,因此高校教育扶贫的效果不尽如人意,难以满足不同地区多样化的发展需求。

高校在帮助贫困山区改善教育现状时要充分发挥高校的优势,不同类型、不同层次的高校应该根据自身独特的优势,开展具有自身特色的教育扶贫工作,避免"千校一律"[①],如师范院校应鼓励大学生到山区开展支教、社会实践、宣讲等活动,工科类学校可以将自身专业优势与贫困山区当地产业发展相结合,形成科技扶贫、教育扶贫相融合的教育扶贫模式,医科类大学可开展扶医帮救等工作。总之,各高校应该充分挖掘学校学科特色,将贫困山区教育扶贫与自身优势

---

① 唐荣德,胡倩倩.回顾与转向:高校参与教育扶贫的研究反思[J].桂林师范高等专科学校学报,2021,35(04).

特色相结合,致力于精准教育扶贫。

12. 建立长效发展机制

在摆脱绝对的教育贫困之后,当地的抵抗风险能力还很低,在教育层面也有可能存在隐性贫困、相对贫困等情况,部分地区可能出现返贫,因为某些原因再次出现致贫的情况发生,这都是高校帮助贫困山区实现教育脱贫时需要不断解决的新问题。

为巩固贫困山区教育脱贫成果,高校要调动多方资源,帮助地方构建现代乡村教育治理体系,充分发挥高校、政府、社会、企业等主体的主动性和积极性,实现教育发展稳步向前。也可以通过实行贫困山区帮扶户学生档案的动态管理,建设定点帮扶信息系统,依托大数据统计等,开展细致的入户调查,系统录入帮扶对象的各类数据信息,保证帮扶工作能够"对症下药"并"按需给药"。[①] 同时,形成追踪调查,总结山区教育贫困脱贫中的有效经验与不足之处,对山区教育扶贫工作的经验和成效进行科学的研判,跟踪动态监测,不断完善防止教育返贫帮扶机制,为探索脱贫攻坚衔接乡村振兴时代高校高质量帮扶路径提供现实依据,助力贫困地区真正实现从脱贫到振兴的跨越发展。

---

① 崔茂乔,陶乔双.贫困山区教育现状与高校教育扶贫路径[J].社会主义论坛,2018,(01).

（四）深化党建教育联盟，"接""党建"之富，"济""教学"之穷

党建是指党的自身建设，即在党内开展的政治建设、思想建设、组织建设、纪律建设、作风建设、制度建设。通常而言，我们把党的"六大建设"称为党的"六大体系"。加强学校党建工作有助于巩固学校党建阵地，使党组织更好地引领学校开展教育教学工作、推动教育教学管理。当前我国在校园党建方面还存在着一定问题，这就需要加强对学校党建工作的重视程度，切实提高学校党建工作的实效性，充分发挥学校党建工作应有的作用与价值。加强学校党建工作，不仅可以更好地促进学校教育教学的顺畅开展，还可以更高效地推动学校教育教学的管理，从而保障学校的办学水平和培养能力得到显著提升。

党的二十大报告中指出，要增强党组织的政治功能和组织功能，坚持大抓基层的鲜明导向，把基层党组织建设成为有效实现党的领导的坚强战斗堡垒，激励党员发挥先锋模范作用，保持党员队伍的先进性和纯洁性。这是对基层党组织和党员提出的总体要求。学校应当始终坚持以"为党育人为国育才"为工作理念，严格遵照执行新时代党的建设总要求和校、院党委的重要部署，坚定不移地以习近平新时代中国特色社会主义思想为指导，全面贯彻党的二十大精神，通过党建工作更好地推动学校工作的开展。

1. 围绕学校教育,狠抓党建工作

围绕学校教育教学工作的中心,牢固树立以教育教学为第一要务的党建指导思想,正确处理好学校党建工作和其他工作的关系。为了确保广大党员教师坚定正确的政治方向,提高其贯彻执行党的路线、方针、政策的自觉性,教师职工应当认真学习"三个代表"重要思想和共产党员先进性教育活动专题。立足于工作实践和学校学情,以求真务实的工作作风,统筹推进学校党建工作,把学校党建工作作为强化基层党组织建设的重要枢纽,发挥学校党建在方向引领、教书育人方面的重大功能。同时要不断强化制度建设,建立健全党员联系服务群众机制,发挥好党支部书记的带头作用,充分发挥学生处等职能部门的职能作用,进一步完善各项管理制度,确保党对学生的全面领导落到实处。此外,应不断创新教育理念,加速推进发展步伐,致力于将政策导向与学校教育培训有机融合,实现学校党建与教育教学相互促进,切实围绕党建抓教育、创先争优促发展,为实现教育事业的跨越式发展培养高素质的教师队伍,提供坚实的政治保障。

围绕核心点,抓牢学校党的政治建设。坚持以习近平新时代中国特色社会主义思想和党的二十大精神为指导,在广大党员中增强"四个意识"、坚定"四个自信"、做到"两个维护",强化基层党组织建设,充分发挥党员先锋模范作用和党员服务站的服务功能,打造一支党性觉悟高、业务能力强、服务质量好、师生反映良好的干部队伍,使广大党员干部全面提高自己的整体素质,提高自己的管理服务能力。在基层党组织建设方面,要明确规定基层党组织的职责范围,从制度层面规范基层党组织的设置、职责和工作流程,实现基层党建工作规范化、制度化。在党组织规章制度方面,要规范党组织会议制度,健全党内民主生活制度,实现党内制度化、民主化、科学化。在党员教育管理方面,要加强对党员的教育管理监督,相互激励、共同进步。在干部队伍建设方面,要树立正确选人用人导向,加强干部队伍专业化建设,提升党员队伍的整体政治素养和业务能力。

紧扣育人工作落脚点,落实立德树人的根本任务。学校要牢牢把控育人工作基地,构建"大思政"格局,形成"三全育人"工作格局,突出师德师风建设,加强师德师风监督管理。深化课程教学改革,推动思想政治理论课改革创新,加强挖掘专业课程的思政元素。学校党支部紧紧围绕学校育人工作重心,充分发挥党支部的政治核心作用。通过开展主题党日、党员大会、支委会等方式,使教师党员在政治上得到升华,充分发挥党员教师在教育教学中的先锋模范作用,引导党员教师正确认识和处理好个人与集体的关系,努力为学生服务。

2. 组建教职工队伍,加强党支部建设

加强党支部建设,首当其冲的是组建一支优秀的教职工队伍,积极推进党建活动,切实贯彻落实"三会一课"等党内制度,加强党组织自身建设,完善组织架构。同时,通过建立科学的考核机制,对广大党员进行有效激励,充分调动起教师参与学校管理与教学实践的积极性和主动性,营造充满活力、奋发向上的校园和谐氛围。通过在党员中开展学习、遵守和维护党章的活动,进一步提升广大师生及党员的责任意识和发展意识,从而提高党员的理论素养和思想觉悟。要把思想建党与行动建党结合起来,用科学发展观指导学校党的建设,充分发挥基层党组织战斗堡垒作用。以支部建设为抓手,加强党的.

基层组织建设,积极开展入党积极分子的教育和发展工作,以推动党的事业蓬勃发展。此外要坚持以人为本,切实解决教职工群众关心的实际问题,真正体现党"全心全意为人民服务"的宗旨,把广大教职工作为学校宝贵的资源来开发与利用。

充分发挥党员的先锋模范作用,通过多种途径加强党支部党员同志之间的交流联系。各支部以提升学生的思想政治素质为目标,以社会主义核心价值观为主要内容,搭建学、思、悟、行四大平台,深度挖掘学科背后所蕴含的德育元素及其所承载的教育意义,着重推动思政教育融入学科特色改革,深入思政课堂的实践。通过主题党日活动,全体党员干部发挥先锋模范作用,引导青年学生坚定自己的信仰和理想,树立正确三观,将爱国情怀融入日常生活和学习,为学校各项工作的顺利开展奠定坚实的基础。校团委根据团省委"青年大学习"要求,以"学党史、悟思想、办实事、开新局"为主题,制订相关团学实施计划。校团委将党史学习教育纳入学校年度工作计划,坚持党委统一领导,校团委具体组织实施;班子成员带头讲党课,带头学党史;校团委召开"青年大学习"活动推进会暨党史知识竞赛启动大会。

3. 着力解决学校党建工作"活力不强"的问题

近年来,大部分学校也根据上级要求开展了党建活动,但许多活动难以深入学校基层,不能真正起到教书育人的作用。基于此,学校党建工作要不断创新活动方式,深入开展"主题教育进校园、先进文化进校园、经典歌曲进校园"等活动,通过组织党员开展集体活动、外出学习考察等形式,营造良好的育人环境,提高党组织的凝聚力和战斗力,推动学校的党建工作再上新台阶。此外,学校还需要创新活动方式。活动不应该仅仅停留在传达文件、抄写笔记、撰写征文等政治理论学习的层面上,而是应该在传达好文件精神的基础上将活动做实做精,使得校园党建工作与教育教学工作相互融合、相互促进,以免活动陷入形式主义,进而维护校园的和谐稳定。

学校可以创新"党课"形式,采用"线上"和"线下"相结合的方式进行学习。除了线下开展党课培训,还可以推出《党课开讲啦》等趣味栏目,充分发挥支部党员优势,为广大党员和入党积极分子提供优质的微党课教育平台。栏目通过视频、音频、图文等多种方式,让广大同志在轻松的氛围中学习政治理论知识。节目中,党员同志可以通过手机观看微党课视频,也可以通过电脑端或电视端收看直播节目,还可以通过微信公众号进行学习。学校还可以创新"党课"内容,除了线上学习政治理论知识,还可以线下参观党史文化馆等红色基地深入实地学习。在开展党课教育时,要注重把"请进来"和"走出去"结合起来,通过组织党员赴红色基地参观学习、开展现场教学、邀请老党员讲党课等方式,帮助广大党员深入了解党的历史和理论知识。此外,学校可以创新"党课"制度,打造"常态"和"长效"机制。党课是开展党的组织生活、加强党员日常政治理论教育的基本途径,也是党员提升政治素质的重要平台。学校要在实践中不断完善和发展,不断提升党课质量和实效。

4. 根据学校实际情况开展党建工作

学校的党建工作要结合学校实际情况开展,不能盲目照搬其他学校的党建工作模式。例如"三会一课"制度,要根据自身实际情况进行调整创新。如果学校规模较小、党员人数较少的话,可以召开党员大会,组织小范围的民主生活会,让每位党员讲讲自己的思想情况和对党的认识;如果学校规模较大、党员人数较多的话,可以召开党支部委员会会议和党小组会,让每个小组成员谈谈自己对党的认识和感受。同时,党组织要不断创新活动方式。在开展活动时要因地制宜、因人制宜、因事制宜、因时制宜。在开展集中学习时要创新学习方式。不能让"会议式"学习代替了"专题式"学习,不能让"灌输式"学习代替了"专题式"学习,不能让"大而全"的会议代替了"小而精"的会议,不能让"填鸭式"学习代替了"互动式"学习,不能让"宣讲式"学习代替了"研讨式"学习。在开展组织生活时要创新活动内容,根据学校实际情况开展活动,避免与教育教学脱节。例如在开展民主生活会时,可以以小组为单位进行批评与自我批评;在开展组织生活时可以以个人为单位进行批评与自我批评。

(五)深化跨市域教共体,"接""他山"之富, "济""本家"之穷

深化跨市域教共体,将城镇丰富的教育资源与山区共享,将优质的教师资源、课程资源、教学经验通过教共体密切地交流、合作、研讨。充分利用互联网技术,丰富云端教学资源。"共建、共研、共促",打造跨市教共体。加强学校间跨市域的对点帮扶。

1. 精准共培"师"

深化跨市域教共体间的教师培养,加强教师间的经验交流,让两

地教师进行全方位结对,实现管理共进、教学共研、资源共享、信息互通、师生互动、差异互补的精准帮扶新模式。积极组建跨地区教共体名师工作室,发挥名师的辐射作用。通过名师引领,助力两校的教育教学工作提质,真正实现教育共富,为山区培育"种子"教师,为乡村教育持续"造血",促进两地教育长足发展,打造协作教育样板,加深两地教师资源的"共建、共研、共促"。

(1)共建师资。开展线上师徒结对帮扶活动,充分发挥骨干教师示范引领作用,提升青年教师专业素养,深入推进两校间教师交流与合作。同时,组织青年教师开展异地跟岗锻炼,在名师的传帮带下,汲取先进教育理念,提高教学教研水平,学校之间进行异地交流学习。

(2)共研共训。教共体以互联网为载体,开展同步课堂、网络研修活动,共享线上拓展性课程资源,实现教学共研、资源共享,营造良好教学研讨氛围,分享线上拓展性课程资源。组建跨地区教共体名师工作室,发挥名师引领作用,实现教研联动。

(3)共促交流。通过研学实践、线上交流等活动,促进双方学生深入交流,打造互助型学习团队,实现共生发展。举办线上学生集体交流活动,开展学生线下交流研学活动。

2. 云端共育"生"

深化跨市域教共体的云端教学,积极探索"互联网+教育",探索各种云端教学形式,提升跨时空结对帮扶实效,为两地深度协作夯实基础。推广落实课堂实时直播、在线共读、云端讲堂等教学方式,将优质课堂送至定点院校。探寻云端教育管理策略,提升云端教育的质量和效率。两地教师借助网上平台、合作共研，走向策略共富，开展跨越时空的教学研修活动，走向理念共富，促进区域内两校教研富有实效，使教育帮扶走向深处。

3. 模式创新促发展

（1）融合型教共休

建立教共体各校区内部教师流动机制，按教师配置相关要求，统筹安排，无障碍调配各校区教师。解决校区内学科不足、生源短缺等原因造成的教师短缺，由校区间以驻教、走教、线上教学等形式统一调配。

教共体内各校区实行教学常规、教学进度、教学检测等同步开展。课程设置、教学计划制定、教学内容实施、教学常规检查、教学质量评价以及学生综合素质评价等方面，在保证基本标准要求下，促进各校区个性化发展。教共体各校区共建共享设施设备、课程资源等，充分依托网络设备和技术，积极开展远程教学、教研与管理。通过大型活动、综合实践活动等推动教共体各校区师生交流互动。

教共体统筹教师培训工作，组织教共体培训活动，共建共享优质培训资源。建立学科教研组，开展教共体内校本研修活动，为教师的专业成长搭建更为丰富的平台。制定好教共体内部教师培养计划，组织教师开展各类教育教学研讨、评比活动，提升教师的专业化水平。

加强教共体校园文化共商共建机制，建成标识明显的教共体文化体系。各校区在办学思想、管理理念等方面统一实施，以"移植＋嫁接"的方式培育共性与个性相统一的学校文化。教共体学校通过开展城乡研学旅行、劳动实践、联谊互助、家庭结对等形式,共同组织交流活动,促进城乡学生的相互了解、共同进步。教共体之间互相提供教育基地和实践空间。

建立科学、合理的考核评价方案,建立健全各校区一体化考核评价机制。教共体内各校区教师队伍建设、教学质量提升、教育特色形成、绩效奖励等方面实现全方位、一体化考核,真正形成利益共享、荣辱与共的共同体。

(2)共建型教共体

资源共享。推动教共体内教师的有序流动、均衡配置、培训培养、整体评价等机制。鼓励各校培育特色学科,形成优质教师团队,引领学生发展。充分借助教育信息化的力量,整合核心校和各成员校的优质资源,实现教共体内师德建设、课堂教学、校本教研、课题研究等资源共享,相互促进,共同提高。

管理共进。构建合作交流平台。建立以教共体核心校牵头的学校日常教学管理和学校发展通报、研讨例会制度。实施教共体内教学协同管理,做到常规制度、课程建设、教学进度、质量检测等基本同步。组织各校名师成立学科建设指导小组,指导教共体内学校的各门学科建设。

教学共研。核心校以项目合作方式接纳成员校教师参与教科研,由骨干教师帮扶成员校开展富有针对性的研究,提升教师教育教学水平。建立科学的教育教学质量诊断监控机制,实施统一的质量检测管理,制定各学科质量保障制度,指导并督促各校学科教育。加强教学经验交流,提升教共体内学校的教学管理水平、教师发展水平、学生发展水平。

文化共生。教共体通过资源共享、活动共建、质量共评,助推文化渗透。核心校立足地域文化和学校教育资源,培育富有特色的学校文化。教共体各学校通过城乡学生"手拉手"、家庭结对等形式,组织交流活动,促进城乡学生的相互了解、共同进步。教共体成员力所能及地为其他成员提供教育基地和实践空间。

考核捆绑。建立科学、合理的考核评价方案,建立健全教共体一体化考核评价机制。教共体内各成员校在特色发展、校园文化、学科建设、教研活动、教学协同等方面实行捆绑式考核,成员校的发展情况作为核心校相关考核的主要依据。形成利益共享、荣辱与共的共同体。

(3)协作型教共体

愿景协同。由核心校牵头,调研、指导、组织各成员校摸清学校发展现状与背景,确立学校发展愿景,明确学校发展目标,制订质量提升路径。借助核心校先进办学理念的引领与辐射,结合成员校的办学基础,充分挖掘成员校的特有办学资源,对成员校的办学进行整体规划、顶层设计,实现理念与规划上的"补短提升"。

机制协同。建立核心校与各成员校之间互促发展、合作共赢的协同管理机制。基于各校优势,协同构建教师交流培养机制、跨校集体备课机制、教育教学常规管理机制、师生文化联谊机制等,促进成员校在制度建设、教育管理、队伍建设、教学质量、课题研究、校外实践等多方面协调联动发展,推进共建共享、互利互补,不断提升成员校教育品质。

研训协同。由核心校牵头成立教共体教研联盟,协商制订教师梯队培养计划、教育教学业务培训方案,采用"线上+线下"的方式定期开展集体备课、教学观摩、名师讲座、课堂比武、论坛沙龙等活动，创新教共体教师研训、校本研修的方式，促进教共体各校之间优质教育教学资源的共建共享、差异互补，以研促教，以教师专业素养、业务水平的提升来推动教共体学校教育教学质量的提升。

教学协同。主要以"互联网＋义务教育"结对帮扶的形式开展教共体各学校间的教学协同。要借助各校的优势学科开展同步课堂、远程专递课堂等线上教育教学活动，共享课堂导学单、教学设计、教学资源、课堂练习等教学资源。排课表时，教共体要协商制定同步课堂"一张表"，以确保教学协同、有序推进；同步课堂结束后，要针对双边课堂情况及时开展同步教学研讨，以取得教学协同的最大效益。

4. 教育科研帮扶

（1）集体备课研课

牵头学校组成学科专家团队，联合学校指导教师开展集体备课研课。覆盖所有学科，开展送教下乡活动。每学期，牵头学校要选派优秀教师到联合学校开展至少1次以上的送教活动。年内送教科目必须覆盖所有学科。若无法正常开展送教活动的，可以线上同步教学方式开展。教师集中培训，每学期，牵头学校要充分利用开学前教师培训的时机，指导联合学校开展好面向全体教师的培训。教育科研立项，每学年，牵头学校要号召教师积极开展教科研活动，联合学校要鼓励本校教师积极参加牵头学校教师组织开展的教育科研立项工作。年内争取至少有1个学科1人以上参与县级及以上课题申报。

（2）强化"联建·共享"理念

强化教共体的机制性联系,围绕"一体化"发展的教育改革目标,推动教共体间组织联建、党员联育、资源联享、活动联办、服务联动、发展联抓,牢牢把握学校党建与教学业务相互贯通、同频共振、协调推进的工作理念,推动教共体党建资源、办学条件和师资力量共建共享。

（3）重视师资培养

牵头学校要选派优秀教师组建学科团队,通过送教、名师工作室、网络教研、线上同步互动课堂等方式推动教共体内教学研一体化建设。还可以通过师徒结对、集体备课、接收联合单位派出的骨干教师跟班学习等方式支持联合学校人才培养。牵头学校开展校本研修时,应包含联合学校教师。

（4）加强学校管理

牵头学校选派的领导干部是中共党员的,应当进入联合学校党组织班子。牵头学校应就学校管理、学生管理、校园文化建设等对联合学校进行分类培训指导,对联合学校教师科研课题评比、师生竞赛等提供技术支撑和专业指导。加强对联合学校学生学情的分析研究,制订并实施精准的解决措施。

（六）深化小教定向培养,"接""师范"之富, "济""师资"之穷

近年来,国家和地方政府积极出台了许多有关扶持农村基础教

育的政策。在《国家中长期教育改革和发展规划纲要（2010—2020年）》中明确提出："鼓励高校和师范院校面向基础教育薄弱区域招收定向招生考生，开展面向基础教育薄弱区域的定向培养、定向选聘和鼓励基础教育薄弱区域教师进修。实施'农村特岗计划'，不断加强乡村教师队伍建设。"2020 年 7 月，教育部等部门出台的《关于加强新时代乡村教师队伍建设的意见》也明确指出，各地要加强面向乡村学校的师范生委托培养院校建设，采取定向招生、定向培养、定向就业等方式，精准培养本土化乡村教师。通过培养乡村定向师范生，一定程度上能激励并支持更多的优秀教师投身到农村等偏远地区进行基础教育事业，从根本上解决区域间城乡教育发展不平衡的问题，进一步真正实现教育共富。[①]

1. 确定专业素养目标

在培养农村定向师范生的过程中，要实现定向师范生专业能力上的提升，第一步就需要厘清教育专业的人才培养目标及规格，才能有针对性地展开教学改革。

（1）具备全科素养

基于乡村小学整体教育水平不高、师资力量不足的现状，培养农村小学全科教师是补充农村师资的重要途径之一。"全科培养"意味着全科师范生入校后不分学科、不分方向、实行文理兼容、更为注重音体美素质的培养。同时，除学科教学的相关内容之外，还包括综合教学的能力。其中，综合教学能力包括教学组织与实施的能力、课程

---

① 李远洲.乡村振兴战略背景下定向师范生培养的优化策略[J].新教育时代电子杂志(教师版),2022(31).

教学设计能力、与学生及同事合作沟通的能力、教学评价能力、教学反思和优化能力等。① 通过全科培养的方式来锻炼农村小学全科教师的多学科教育教学能力，不仅符合当前许多农村地区"包班制"教学的基本要求，顺应"小规模学校"发展的需要，更能有效缓解目前我国农村小学师资匮乏问题。

（2）具备人文素养

所谓人文素养，是指人所具有的文学、史学、哲学和艺术等人文学科知识和由此所反映出来的精神在人身上的综合体现。② 教育不仅是知识内容的传授，还包括对生命内涵的领悟、意志行为的规范和灵魂的启迪。③ 在乡村环境中成长起来的孩子，通常拥有的教育资源有限，相较于城市的孩子，其所能看到的视野不够开阔。因此需要教师在知识内容的传授之外，给予他们更多的启发，丰富其精神世界。将有限的乡村教育资源进行有效整合，最大限度地满足乡村学生对于知识的渴求，发挥自身的综合教育能力，实现"润物细无声"的心灵感化。

（3）有乡村教育情怀

人民教育家陶行知强调乡村教师要有一颗"农民甘苦化的心"。乡村定向师范生需要对自己未来的职业具有高度的职业认同感，找准自身职业定位，理解乡村教师职业的意义与价值。形成对于乡村

---

① 程敏.乡村振兴背景下定向师范生培养机制研究[J].黄冈师范学院学报,2023,43(02).

② 董敏达."明德至善"："双减"背景下中学教师人文素养提升的新路向[J].教学月刊(中学版),2022(26).

③ 卡尔·雅斯贝尔斯.什么是教育[M].邹进,译.北京:生活·读书·新知三联书店,1991.

教育的责任感和使命感,自愿扎根乡村和奉献乡村教育。并且乡村定向师范生应当在保持积极的工作态度、完成教学工作的同时,与同事、学生、家长构建起和谐、融洽的关系,深度融入乡村生活,解乡村教育之难。通过提升自身教育水平,推动乡村教育高质量发展,为乡村振兴做出更大贡献。

分析农村定向师范生培养目标、培养规格的特殊性,我们不难得出这样的结论:农村定向师范生培养对象专业能力的提高,是建立在知识结构扎实的基础之上的,而能力与素质结构的改善,很大程度上依赖于实际知识的掌握与运用。实际知识的掌握与运用,需要教师在教学实践中不断积累,才能真正做到融会贯通。同时,乡村教育情怀的培育,既要在师范生招生时,"推进本土化培养,面向师资补充困难地区逐步扩大乡村教师公费定向培养规模",从而为乡村学校培养"下得去、留得住、教得好、有发展"的合格教师[①]。又要在师范生培养过程中在培养课程、实习和培训设计上尽量乡土化。

因此,提升农村定向师范生的培养质量,就要强化其实践性知识的积累,强化提升乡村教育情怀,不断在实践中提升其能力和文化自信。

2. 四位一体协同培养

"四位一体"培养机制,即"4S"实践育人模式,是基于协同育人理念而产生的。指高校、地方教育主管部门、城市中小学和农村中小

---

① 教育部等五部关于印发教师教育振兴行动计划(2018—2022)的通知[EB/OL].(2018-03-23)[2021-10-14]. http://www.moe.gov.cn/srcsite/A10/s7034/201803/t20180323_331063.html.

学四方合作,协同培养。其使命是响应国家的基本需求,以培养高素质人才为目标,以实现学校、社会、政府和学生的共赢为目的,充分发挥各方面的素质和优势,共同构建和谐一致、互惠互利的育人平台。协同育人体现了教育的横向性,协同是关键,实践是核心,育人是目的。在整个实践教学过程中,高校引领面向农村的师范生培养,教育机构提供政策和平台支持,城市中小学和农村中小学密切配合,形成权责明确、优势互补、互利合作的长效协作机制。

第一,定向师范生协同培养是落实乡村教育振兴的有效途径。从某种意义上讲,地方高校定向师范生培养计划是针对农村中小学教师的供给侧结构性改革,它以地方政府、地方高校、农村中小学相互协同为出发点,以协同参与、资源整合的方式开展农村中小学教师培养,有助于解决农村中小学教师供需不匹配的问题,实现农村中小学教师的供给和需求无缝衔接的效果。[①] 第二,有针对性地协同培训,能够不断优化、细化人员培养,使培养目标更具有针对性、实用性。这将使受训的农村定向师范生的培训更接地气。将培训与农村学校的实际联系起来,使教师的培训与农村学校教师的需求形成无缝对接。第三,对定向师范生的合作培训可以提高培训质量,将"三导师"制度落到实处。来自农村的定向师范生们,在今后的工作岗位上一定会遇到不一样的实际教学场景。而在城市教师、农村教师、学校学科教师"三导师"的共同指导下,师范生可以将理论学习付诸实践,提升专业能力,丰富教学经验,增强责任感和使命感。

---

① 李锋,李传武.乡村振兴背景下地方高校定向师范生协同培养机制研究[J].盐城师范学院学报(人文社会科学版),2021,41(04).

3. 强化职业理想信念

(1)强化职业认知

农村公费师范生首先需要对自身的职业有清晰的认知,明确自身工作的实际状况、作为乡村教师需要承担的责任以及教育教学工作的本质。

师范生在校学习期间,高校要根据《教师教育课程标准》的要求,对师范生进行全面可行的人才培养。并且培养过程需注重实践,严格要求。加强高校与当地中小学之间的合作,建立起系统的、有效的培育机制,让师范生可以在见习、实习中将理论知识应用于实际教育教学工作,提高自身的教学质量,并且明确教师职业的工作现状。

而师范生自身也需要树立"以生为本"的教育教学理念,注重学生核心素养的发展,教学设计要符合学生身心发展规律,教学过程要注重学生参与。并且结合农村中小学学生的个性特征以及生活环境,师范生更应关注学生的身心健康,与学生形成和谐关系。

(2)培养思想政治素质

师范生思想政治素质的培养是一个长期而持久的过程。在培养定向师范生思想政治素质的过程中,全体师范院校责无旁贷。

兴趣对于公费师范生教师职业信念的培养有着一定的影响。职业的发展离不开兴趣的内在驱动,公费师范生教师职业信念的培养需要在兴趣开发与价值引领上提供支持,[①]所以兴趣的培养在职业培养中至关重要。高校可以积极开展各种学生活动,通过讲座、座谈

---

① 黄奕霏.公费师范生教师职业信念现状及提升策略研究——以 J 省三所高校为例[D].长春:东北师范大学,2022.

会以及思政周等形式让师范生参与其中,了解更多思政知识。也可以在教育教学中培养师范生的思想政治素质。例如院校的政治辅导老师需要发挥自身的思想政治引领作用,吸引师范生主动地学习思想政治相关知识;所有专业课的教师需要增强课程育人的自觉性,将思想政治教育工作贯穿于定向师范生的培养过程,潜移默化地影响师范生。同时,定向师范生作为未来的乡村教师,需要主动学习并领悟有关教育的重要论述,深入理解党的教育方针。

(3)坚定职业理想

坚定职业理想是在引领定向师范生更好地服务乡村教育事业的前提下,稳定乡村教师队伍的稳定性。但是职业理想的形成需要内在与外在因素的双重指引。首先,定向师范生自身需要坚定树立扎根乡村教育的理想信念,培养自身对乡村的热爱,深化对乡村的独特职业感情和价值观,形成对于乡村教师职业的内在精神力量。可以通过在校期间下乡支教的实践教育活动,让师范生真实了解乡村情况,通过与学生的交往,增强师范生对于乡村教育的感性认知,形成自身的责任感。其次,可以发挥榜样作用,利用身边乡村老教师正面激励的效应,扎根定向师范生对乡村教育的情怀。通过新老教师的交流,让师范生学到教育教学经验,体会到教师职业的动态发展,坚定自己的职业信念。

4. 做好职后发展帮扶

定向师范生在正式走进乡村、进入岗位前,基本只有短暂的实习经历,作为"新手教师"其教学水平大多只限于教授一般的课程内容,灌输书本知识。所以,其教学水平、教学经验都难以迅速适应乡村教学的需要。为了促进定向师范生更好地进行教学，就需要进行一定的职后帮扶工作。

首先，可以做好区域间的结对帮扶工作，让有经验的老教师对定向师范生进行专业性的指导与培训，发挥教学骨干教师的示范和辐射作用，增进教师间的业务交流，增强师资的整体水平。作为师父的老教师通常是学校的骨干老师、学科名师，拥有丰富的教育教学经验。通过言传身教、大力推进"帮、传、带"的方式，采取"一对一"帮扶的形式，让师范生可以进行业务理论的学习，强化其专业理论知识，提高教学知识技能水平。并且，教师的成长过程是一个连续性和阶段性相结合的过程。教师帮扶工作的开展也可以实现教师互帮互助共同成长以及终身学习理念的代际传递。

其次，优质均衡发展，是教育高质量发展的内在要求。我们需要探索城乡"教育共同体"的建设，开展城乡学校间的校际结对帮扶工作，以教研活动为切入点，"学校管理互助""教师素质提升互助"等活动全面铺开，加快推进"共同体"深度融合，努力实现"培养一位名师、带动一个学科、引领一批教师"目标。[①] 充分利用城市优秀的教育资源，通过多种形式，为定向师范生提供专业帮扶，以"共享、共育、共进"的理念推动城乡之间的教育发展，实现教育共富。城乡学校作为"共同体"学校，也可以开展师徒结对、班级结对、教师共培等活动，提升教师培训效能，多给年轻乡村教师一些发展的空间，推动教师队伍不断进步。通过"教育共同体"使城乡学校之间的教育资源得到流动，进行城乡深度融合，达到"1＋1＞2"的效果。

---

① 魏兴谷，罗旌首.同频共振，城乡教育手拉手一起走[N].福建日报，2023-04-13(002).

结　　语

改革开放以来,我国对教育事业的投入不断加大,教育事业得到了快速的发展,这也为新时期的建设奠定了坚实的人才基础。但在教育的总体发展之下,城乡之间教育资源的差距不断加大,山区逐渐出现优秀师资"被劫"、优质生源"被劫"、优等高中"被劫"、优良家教"缺位"、优良学风"缺位"和优良师德"缺位"等不利于山区教育发展的情况,而这些不良现象也在不断地加剧城乡教师资源分配、城乡生源分配的差距。导致这些现象的本质原因是城乡不平衡的发展,城镇化对优质教育资源的虹吸效应,市场经济的冲击和城乡居民观念的差距。面对现阶段山区教育的重重困境,探索振兴山区教育的有效方法成为当务之急。

事实上,我国早就着手处理城乡教育的差距问题,并且已经出台了一系列措施:撤点并校、县管校聘、职称引导、定向师范生、限流禁流、师资流转……虽然这些措施在一定程度上帮助乡村教育解决困难,但是也制造出了新的亟待解决的问题。

浙江省作为教育发展相对较好的省份,对山区26县的教育事业投入了巨大能量,为解决城乡之间的教育差距,浙江省实行了六大措施:一是"山海协作"工程,利用"强"校的优质资源帮助"弱"校,利用"互联网十"技术实现教育资源跨越山海;二是成立教育共同体,实现城区优质学校与乡村弱校形成结对关系,实现资源共享;三是开展集团化办学,利用集团化运营模式,成立教育集团,例如衢州市实验教育集团,实现"一集团多校区"模式,实现教育资源共同使用,促进城乡教育之间的交流;四是实行"矫枉过正"办学("双减"政策),减轻孩子作业负担和校外培训负担,实现矫枉过正;五是逐步实施"县乡一体化",将县乡教育一体化,从而实现教育资源相对公平地分配于城乡;六是利用互联网、云计算、大数据等先进信息技术,实现数字赋能,突破时空的限制。

实现教育优质均衡发展是建设现代化、实现共同富裕的必答之题,是民生基础工程的重要组成部分。从以上分析来看,虽然我国已经加大力度,加重投入改善山区教育,但仍然存在一定的缺陷,本书全面贯彻党的教育方针,以"党建"牵头,坚持问题导向,为山区教育发展提出"六个深化"策略,并且落实"六个深化",有针对性地补齐山区教育的短板弱项,建立城乡一体的教育资源配置机制。

教育公平和共同富裕是两个关系山区发展的重要话题,本书聚焦山区教育的"共富"途径,深化推进山区教育共富。相信在政府支持下,通过不断完善、不断提升山区教育的软硬件设施,加强学校间跨地区的山海协作,深化教学教育普惠、党建教育联盟和师范生定向培养。结合龙南山区的三年教育共富探索经验,浙江山区 26 县的教育事业将迎来属于自己的春天!

主要参考文献

一、专著

邬志辉,秦玉友,等.中国农村教育发展报告2017—2018[M].北京:北京师范大学出版社,2019.

卡尔·雅斯贝尔斯.什么是教育[M].邹进,译.北京:生活·读书·新知三联书店,1991

温娇秀.追寻教育公平——教育政策偏向与我国教育机会不平等[M].上海:复旦大学出版社,2021.

郭彩琴,宋国英.城乡教育一体化战略研究:以江苏苏南地区为例[M].苏州:苏州大学出版社,2014.

二、论文

陈全功,程蹊,李忠斌.我国城乡补习教育发展及其经济成本的调查研究[J].教育与经济,2011,(02).

陈艳玲,张璐,李立军.精准扶贫视域下地方高校师范生顶岗支教的现实困境及路径选择[J].宁波教育学院学报,2023,25(01).

程敏.乡村振兴背景下定向师范生培养机制研究[J].黄冈师范学院学报,2023,43(02).

崔保师,邓友超,万作芳,等.扭转教育功利化倾向[J].教育研究,2020,41(08).

崔茂乔,陶乔双.贫困山区教育现状与高校教育扶贫路径[J].社会主义论坛,2018(01).

邓茂林.浅谈贫困山区农业企业发展存在的问题与对策[J].市场周刊(理论版),2018(13).

董敏达."明德至善":"双减"背景下中学教师人文素养提升的新路向[J].教学月刊(中学版),2022(26).

范文卿.县管校聘教师流动政策的实施困境与破解路径[J].教学与管理,2020(01).

方竹正.我国现阶段城乡经济差距的状况及原因浅探[J].中共云南省委党校学报,2005(06).

傅树京.以"强校带弱校"促进义务教育均衡化[J].教育家,2020(25).

黄奕霏.公费师范生教师职业信念现状及提升策略研究——以J省三所高校为例[D].长春:东北师范大学,2022.

贾晓明.县域中小学基础教育集团化办学模式研究——以S市Z县为例[D].石家庄:河北师范大学,2022.

姜超.乡村教师定向培养政策:价值、前提与风险[J].四川师范大学学报(社会科学版),2022,49(03).

焦昆,岳丹丹.家校沟通的有效性研究[J].内蒙古师范大学学报(教育科学版),2015,28(05).

雷望红,谢小芹.城镇化背景下城乡义务教育一体化的第三条道路[J].教育发展研究,2023,43(12).

雷蕴.提高教师自身素养是落实素质教育的关键[J].医学理论与实践,2001(11).

李锋,李传武.乡村振兴背景下地方高校定向师范生协同培养机制研究[J].盐城师范学院学报(人文社会科学版),2021,41(04).

李福忠.推进教育均衡,可"立体化"帮扶[J].教书育人,2017(25).

李国银.豫东城乡义务教育资源配置不均衡现象研究——以商丘市为例[J].河南教育(中旬),2012(09).

李萍.近20年我国乡村教师流动研究的脉络、热点及趋势[J].继续教育研究,2023(07).

李山岭.浅析撤点并校对农村基础教育的负面影响[J].读与写(上,下旬),2013(14).

李松.县管校聘教师管理体制存在的问题及优化[J].教学与管理,2016(36).

李远洲.乡村振兴战略背景下定向师范生培养的优化策略[J].新教育时代电子杂志(教师版),2022(31).

李泽楼,钱振明,鲁先锋.论我国城乡教育失衡产生的政策归因及其调适[J].重庆社会科学,2007(04).

刘淄怡.高校志愿服务团队参与贫困山区支教研究——以中国矿业大学为例[D].徐州:中国矿业大学,2020.

龙冠丞.乡村教师资源配置优化策略研究——以R县为例[D].南宁:南宁师范大学,2021.

罗旺,吕蕊,孙帅,等.重庆市乡村城镇化过程中的问题及对策[J].中小企业管理与科技,2015(06).

骆天升.乡村振兴战略实施路径研究[J].乡村科技,2020(10).

马国徽.农村小学教师职称评定问题及改进策略——以G镇为例[D].长春:东北师范大学,2017.

庞丽娟,杨小敏,金志峰.乡村教师职称评聘的困境、影响与政策应对[J].教师教育研究,2019,31(01).

秦楼月.相对贫困治理的路径探析[J].人民论坛,2022(16).

宋昌锐.浅析山区高中学生的家庭教育[J].成长,2021(05).

宋长英,林凡瑞.警惕职称评聘对教师产生的负面影响[J].河北教育(综合版),2017,55(11).

唐荣德,胡倩倩.回顾与转向:高校参与教育扶贫的研究反思[J].桂林师范高等专科学校学报,2021,35(04).

唐子超,霍翠芳.坚守与退却:乡村学校教师流动的内涵、困境与出路[J].现代教育科学,2022(04).

王彩凤.市场经济背景下推进幼儿教育社会化问题研究——以河南省为例[J].河南社会科学,2013,21(06).

王硕果.我国农村教育空心化问题研究[D].开封:河南大学,2018.

王晓桐.乡村教师职称评聘的现实藩篱及路径研究[J].农村经济与科技,2021,32(15).

魏永利.2018 年浙江省农民工监测调查报告[J].浙江经济,2019(05).

辛晓玲.城乡小学教学空间的差异性研究[D].济南:山东师范大学,2020.

邢亮,刘乾承.中国共产党领导中国式现代化的道路创新与经验启示[J].兵团党校学报,2022(05).

熊云飚,李斌.父母认知能力和家庭资产结构对子女教育支出与教育期望的影响——基于中国家庭追踪调查数据的实证分析[J].成都师范学院学报,2022,38(10).

闫康婵.对和谐社会背景下我国教育机会不均等的思考[J].陕西师范大学学报(哲学社会科学版),2006(S1).

严铖.我国城乡教育发展不平衡不充分问题及对策研究——以山西省为例[D].太原:山西师范大学,2019.

严瑾.高校精准推进定点扶贫的实践理路——以南京农业大学为例[J].中国农业教育,2021,22(01).

叶菡,王旭."溢出—反哺—共生"价值链视角下区域共同富裕实现路径研究——以龙游县"一镇带三乡"区域共富模式为例[J].金华职业技术学院学报,2022,22(05).

阴晨雪.撤点并校对农村教育发展的影响——以铜川市寺沟镇为例[J].中国教育技术装备,2015(19).

于清清.论学校教育资源浪费的现象、原因及应对策略[D].曲阜:曲阜师范大学,2009.

张丹丹.乡村振兴背景下乡村教师职业发展愿景与路径研究[D].阜阳:阜阳师范大学,2022.

张晓宇.探讨农村公费定向师范生核心素养培养的价值与现实意义[J].现代职业教育,2018(22).

张智.聚焦"相对贫困":让产业留在农村,解决低收入人群困难[N].华夏时报,2021-05-15.

周建华,付洪良.深化山海协作助推浙江山区县高质量发展研究:"三链"融合的视角[J].商业观察,2021(35).

周险峰,郑玉婷,赵梦怡.乡村振兴背景下公费定向师范生研究的回顾与反思[J].商丘职业技术学院学报,2023,22(03).

后　记

本书是我多年来对山区教育改革的观察和思考的总结。作为一个山区教师的子女，一名多年从事思想政治教育的教师，我一直关注农村教育问题。今天，终于能借着此书把思考和探索展现给大家。

本书以浙江省山区 26 县的教育共富典型案例为样本，并基于人均可支配收入的取样调研，通过实地调查、查阅资料等方式，总结浙江省山区县教育发展现状，并就教育共富发展提出相关建议。针对山区县教育共富的社会需求、发展现状、存在问题与不足等，进行深入的调查分析，并对如何进一步改善现状提出对策与建议，将理论与实际相结合，助力山区县教育实现真正意义上的共富。

本书写作过程中参考了诸多专家、同行的研究成果，这些研究激发了我更多的思考，充实了我的论证。在此我要感谢我的同事程旭惠、沈小龙老师在平时和写作上对我的支持和鼓励，感谢沈小龙老师对本书提出高屋建瓴的修改意见！

我还要感谢衢州学院山区教育共富研究团队的沈纯妍、金子嫣、林乐乐、黄渐渐、陈李骏、杨可颖、李竹君、方子蓓、张忱、吴梦凡、项晨翰、吕镕、童静萱、方丽霞、程文慧等同学，谢谢你们辛苦参与调研问卷、数据处理和资料整理，希望你们继续秉承严谨的学术精神、开拓创新的思维意识，未来能够在各自选择的职业领域闪闪发光。感谢浙江大学出版社编辑老师对本书出版的大力支持！感谢所有帮助过我的朋友！本书还存在不少的不足和遗憾之处，真诚欢迎各位专家、同行和读者提出宝贵的意见和建议。